Curt Grayson
Jan Johnson
Versöhnt mit der Vergangenheit

Curt Grayson
Jan Johnson

# Versöhnt
# mit der Vergangenheit

Wege zur Heilung seelischer Verletzungen

Blaukreuz-Verlag Wuppertal
Blaukreuz-Verlag Bern

**Dr. Curt Grayson**, Ehe- und Familientherapeut, war Direktor einer der größten christlichen Organisationen für Selbsthilfegruppen in den USA und ist gefragter Redner zu den Themen Sucht, Missbrauch und Rehabilitation.

**Jan Johnson**, Journalistin, schreibt für viele Magazine, ist Buchautorin, leitet Einkehrtagungen und spricht auf zahlreichen Konferenzen. Sie lebt mit ihrer Familie in Kalifornien.

Die Bibeltexte sind nach der Übertragung „Die Gute Nachricht" zitiert, wenn nicht anders gekennzeichnet.

**Hinweis zum Sprachgebrauch:**
Beiden Geschlechtern sprachlich gerecht zu werden, würde häufig sehr umständliche Formulierungen ergeben und durch Doppelformulierung das Lesen erschweren. Deshalb haben wir als Gattungsbegriff für beide Geschlechter meist die maskuline Form gewählt. Gemeint sind in jedem Falle Männer und Frauen.
Beispiel: „Der Alkoholabhängige und sein Partner" bedeutet „der Alkoholabhängige und seine Partnerin" oder „die Alkoholabhängige und ihr Partner". Die Schreibweise „Der/die Alkoholabhängige und sein/e/ihr Partner/in" wollten wir unseren Leserinnen und Lesern nicht zumuten.

Die Deutsche Bibliothek – CIP-Einheitsaufnahme

**Grayson, Curt:**
Versöhnt mit der Vergangenheit : Wege zur Heilung seelischer
Verletzungen / Curt Grayson/Jan Johnson. - Wuppertal : Blaukreuz-
Verl. ; Bern : Blaukreuz-Verl., 1999
Einheitssacht.: Healing hurts that sabotage the soul <dt.>
  ISBN 3-89175-151-6 (Wuppertal)
  ISBN 3-85580-389-7 (Bern)


© 1999 der deutschen Ausgabe: Blaukreuz-Verlag Wuppertal
© 1995 der amerikanischen Ausgabe: Victor Books/SP Publications, Inc.,
1825 College Avenue, Wheaton, Illinois 60187, USA, unter dem Titel:
„Healing Hurts that Sabotage the Soul – The pursuit of authentic christianity".
Alle Rechte vorbehalten.
Übersetzung: Manfred Balkenhol
Titelgestaltung: Eberhard Platte
Satz: Blaukreuz-Verlag Wuppertal
Druck und Herstellung: St. Johannis-Druckerei; Lahr

ISBN 3 89175 151 6 Blaukreuz-Verlag Wuppertal
ISBN 3 85580 389 7 Blaukreuz-Verlag Bern

# Inhalt

# Teil I
# Augenblicke der Wahrheit

## Kapitel 1
## Wir schreiben als selbst Betroffene

Was würden Sie Christen sagen,

- die regelmäßig die Bibel lesen und beten und dennoch von unerklärlicher Traurigkeit geplagt werden?
- die sich von Gott verlassen fühlen oder es ihm übel nehmen, wenn Dinge anders laufen als erwartet?
- die zwar glauben, dass Jesus Christus „die Antwort" ist, deren Leben aber nicht danach aussieht – und die sich deshalb schuldig fühlen?

Solche Erfahrungen können die Betroffenen schmerzlich einengen. Doch Gott kann solche Einengungen großzügig verwandeln. Dann kann uns aufgehen, dass Christus zu erkennen weit mehr ist, als Gottesdienste zu besuchen.

Wenn durch solche Erfahrungen auch dunkle Seiten unseres Lebens offenbar werden, können wir sie aufarbeiten und dabei ganz neue Erfahrungen mit Christus und seiner Barmherzigkeit machen.

In diesem Buch geben wir Ihnen Einblick auch in unser persönliches Leben: Curt, der Ehe- und Familientherapeut, und Jan, die Journalistin und Bibellehrerin. Wir haben Selbsthilfegruppen geleitet und selbst vieles von dem durchlebt, was in diesem Buch angesprochen wird.

# Curt

Als ich die Ausbildung zum Familienberater begann, fing eines Abends im Gespräch mit einem Freund mein Herz wie wild an zu hämmern. Meine Gedanken rasten, als ob ich unter Drogen stünde. Mir war, als würde ich zermalmt. Mein Gesicht wurde starr und meine Hände zitterten. Ich schwitzte so stark wie noch nie. Ich dachte, ich würde verrückt oder müsste sterben. War dies eine übersinnliche Erfahrung? Es hörte und hörte nicht auf.

Dieses Mal hörte es zwar auf, doch es kam immer wieder. Vergeblich bemühte ich mich zu begreifen, was da geschah. Ich führte doch ein ganz normales Leben als Christ: ich ging zum Gottesdienst, sang im Chor, las die Bibel und betete regelmäßig.

Der Arzt diagnostizierte Panikattacken. Ich traute mich nicht, Mitchristen davon zu erzählen, denn ich befürchtete, sie könnten mich für geisteskrank halten. Dann versuchte ich, das Ganze zu vergeistlichen. Ich glaubte, ich hätte schrecklich gesündigt. Also bat ich um Vergebung. Um geistlich zu wachsen, hörte ich ständig christliche Rundfunksendungen. Doch nichts half.

Ich fühlte mich völlig allein gelassen. Ich wusste nicht mehr aus noch ein und gab die Hoffnung auf, wieder normal zu werden. Auch von Gott fühlte ich mich verlassen. Drei Jahre lang versuchte ich mein Inneres zu ergründen – unter Tränen, Ängsten, Gebet, Selbstmordgedanken, gescheiterten Beziehungen und Ratschlägen von wohlmeinenden Freunden.

Schließlich wandte ich mich an einen bewährten christlichen Seelsorger. Dieser fragte nach meiner Kindheit. Je mehr wir redeten, desto deutlicher ging mir auf, dass meine Panikattacken auf den unterdrückten Schmerz zurückzuführen war, in einer Alkoholikerfamilie aufgewachsen zu sein.

Ich wusste, dass meine Eltern Probleme mit dem Alkohol hatten. Aber ich glaubte, ich hätte die Vergangenheit abgeschlossen. Ich dachte sogar, gerade wegen der Schwierigkeiten in den frühen Jahren sei ich um so widerstandsfähiger und geschickter. Ich und Panikattacken? Das konnte doch nur anderen passieren!

Als ich nun in die Seelsorge ging und Selbsthilfegruppen besuchte, kam ich dahinter, wie verletzlich und sensibel ich in

Wirklichkeit war. Und wie erleichtert war ich, als ich merkte, dass andere ähnliches durchlebt hatten, selbst wenn sie nicht aus Alkoholikerfamilien stammten.

Ich lernte, über meine Gefühle während der frühen Jahre zu sprechen: wie ich mich für das Wohlbefinden meiner Mutter verantwortlich fühlte und wie sich das noch bis heute auswirkt. Ich war erleichtert festzustellen, dass die Attacken nicht bedeuteten, dass ich verrückt war. Sie entstammten alten Verhaltensmustern und bedurften der Klärung.

Statt mich zu isolieren, nahm ich nun während meiner Attacken Kontakt zu anderen auf. Manchmal telefonierte ich, so gut es ging. So schmerzlich die Attacken auch waren, ich begann zu spüren, dass Gott mich liebt und mir schließlich aus meinem Schmerz heraushalf.

Selbst heute wiederholen sich diese Panikattacken. Doch jetzt betrachte ich sie als Warnsignale, dass ich mich allein gelassen fühle und über ein Problem reden sollte. Sie zeigen mir, dass ich mal wieder zu viel für zu viele Leute tun will.

## Jan

Stellen Sie sich eine nimmermüde Pastorenfrau vor, die Bibelstudien leitet, Teenager betreut, im Kirchenchor singt und allen Menschen ihrer Umgebung Rat und Hilfe gibt. Das war ich! Einmal sagte mir die Leiterin einer Frauengruppe: „Du bist so unwahrscheinlich aktiv – die anderen Pastorenfrauen müssen sich im Vergleich zur dir ja richtig mickrig vorkommen!"

Stellen Sie sich nun eine Frau und Mutter vor, die fordernd und ungeduldig ist und sich selbst nicht ausstehen kann. Auch das war ich. Doch ich wusste nicht, wie ich mit diesen gegensätzlichen Persönlichkeitsanteilen umgehen sollte. Wie sehr wünschte ich mir, nur eine Person zu sein. Aber es gelang mir nicht. Ich wurde so mutlos, dass ich manchmal daran dachte, mir das Leben zu nehmen.

Was ich überhaupt nicht verstand, war, dass ich so gute Vorsätze hatte. Ich liebte Gott und wollte ihm dienen, konnte aber Menschen nicht über längere Zeit ertragen. Ich wollte freundlich und liebevoll sein, fühlte mich aber gehetzt und gezwungen, jemand zu sein, der ich nicht sein wollte. Ich konnte nicht mit Problemen oder Gefühlen umgehen, sondern nur weinen und schreien.

In diesem Zwiespalt steckte ich, als mein Mann mir eröffnete, dass er mich hasse und mich verlassen wolle. An jenem heißen Sonntagnachmittag nannte er mir zehn Vorwürfe, die ich ihm an einem einzigen Morgen gemacht hatte, noch bevor er zur Arbeit ging. Ich merkte, er hatte recht – und eine Entschuldigung würde nicht mehr ausreichen. Ich musste mich ändern.

Nun begann ich, ständig zu essen, um den inneren Schmerz zu betäuben. Ich hatte schon immer gern gegessen, aber jetzt gab es nichts anderes mehr, was mir Freude machte.

Schließlich besuchte ich eine kirchliche Selbsthilfegruppe für Menschen mit Essstörungen. Dort stieß ich auf Christen, die sich nicht scheuten zuzugeben, dass ihr Leben nicht dem Willen Gottes entsprach, und wie sehr sie darunter litten. Zunächst war mir ihre Ehrlichkeit zuwider, doch später lernte ich sie zu schätzen. Sie verstanden, was es bedeutete, in seiner Persönlichkeit gespalten zu sein. Sie konnten nachvollziehen, dass ich – wie sie selbst – essen musste, weil ich wütend war oder mich bemitleidete.

In einem Nachbarraum traf sich eine andere Selbsthilfegruppe: „Erwachsene Kinder aus gestörten Familien". Eines Abends schlich ich mich hinein und merkte, dass das, was sie über sich sagten, auch auf mich zutraf. Wo ich auch hinkam: ich verbreitete Chaos! Um mich vor Verletzungen durch andere zu schützen, versuchte ich, meine Umgebung zu beherrschen. Diese Neigungen in mir hatte ich vorher nie wahrgenommen.

Indem ich mich nun in anderen erkannte, konnte ich meine Fehler eingestehen. Ich sah, wie ich mich bemüht hatte, anderen zu Gefallen zu sein – was die umtriebige Person erklärt. Doch innerlich kochte ich infolge der Verletzungen, von denen ich nicht ahnte, dass ich sie hatte – was die fordernde, ungeduldige, überspannte Person erklärt. Als ich sah, dass die anderen in der Gruppe unsere gemeinsamen Fehler akzeptierten, ja sogar darüber lachen konnten, wuchs meine Gewissheit, dass Gott mich trotz meiner Fehler liebt.

Nun betete ich offener und kühner als zuvor. Ich verbrachte Tage und Nächte damit, Rachepsalmen in der Bibel zu finden und sie –

10

teils unter Tränen – laut zu lesen. Oft saß ich auf Grabsteinen auf dem gegenüberliegenden Friedhof und weinte.

Doch unsere Ehe blieb belastet, obwohl ich mich änderte. Der Hass meines Mannes war in Gleichgültigkeit umgeschlagen. Eines Tages konnte ich Gott, auf einem Grabstein sitzend, nur noch sagen: „Auch wenn er mich verlässt, bin ich dankbar für das, was ich von dir lernen kann."

Aber nach einiger Zeit besuchte auch mein Mann eine Selbsthilfegruppe! Er lernte, seine Frustration und Wut loszuwerden – Gefühle, die Pastoren eigentlich nicht haben sollten, oder?

Es dauerte Jahre, bis unsere Ehe wiederhergestellt war. Dadurch lernte ich umso mehr, die von Gott gegebenen Hilfen zum Umgang mit meiner Wut und Traurigkeit anzuwenden. Heute sehe ich mein Gespaltensein als meinen größten Aktivposten an, der mich zwingt, mich an Gott zu halten und umso mehr aus seiner Gnade zu leben.

## Was Sie in diesem Buch erwartet

Es geht um unser ganzes Leben, gerade auch um die chaotischen Anteile, die uns zur Selbstprüfung führen können. Wir haben oben beschrieben, wie wir als Autoren dies selbst erlebt haben.

Vielleicht erleben auch Sie gerade eine chaotische Phase. Nichts von dem, was Ihnen früher geholfen hat, scheint Ihnen heute zu helfen. Eine leise Stimme in Ihrem Inneren flüstert Ihnen ein, Sie seien von Gott verlassen.

Dann empfiehlt es sich, nach früheren Denkmustern Ausschau zu halten, die wir zu unserem Selbstschutz entwickelt haben – oft in der Kindheit. Dazu gehören unbemerkte Masken, die uns vor Verletzungen schützen sollen. Diese Masken können uns blockieren, uns Gott hinzugeben und uns anderen Menschen zuzuwenden.

Wir möchten Ihnen helfen, mit sich selbst wieder klar zu kommen, und einige Fallbeispiele dazu bringen. Doch wir wollen Ihnen keine endlosen Anstrengungen zur Glaubensaufbesserung zumuten und auch nicht, dass Sie Ihre Herkunft verleugnen. Wir möchten Ihnen die gute Nachricht vermitteln, dass Gott bedingungslos für Sie da ist, nicht nur für „dynamische" Christen. Gott stellt sich zu den Verletzten und Enttäuschten: „Das geknickte Schilfrohr zerbricht er nicht, den glimmenden Docht löscht er nicht aus" (Matthäus 12, 20).

Wir möchten dazu beitragen, dass Sie sich wieder frei unter Menschen bewegen und natürlich mit Gott umgehen können.

Wir beide haben Ihnen Einblick in unser Leben gewährt. Wir werden dies noch vertiefen und Beispiele von anderen bringen. Namen haben wir zum Schutz der betreffenden Personen verändert.

Wir waren überrascht, als wir entdeckten, wie sehr unsere Selbstschutzmechanismen im Denken, Fühlen und Handeln in unseren Herkunftsfamilien wurzelten. Dabei machen wir unseren Eltern jedoch keine Vorwürfe. Denn alle Eltern sind unvollkommen.

Teil I und II dieses Buches führen Sie in die Thematik ein und lassen Parallelen zu Ihren eigenen Erfahrungen anklingen. Sie lernen sich selbst besser kennen. Einsichten und Erfahrungen anderer sind dabei eine große Hilfe.

Teil III schlägt Ihnen eine Vorgehensweise zur Arbeit an der eigenen Person vor. Sie sollten dabei selbst die urpersönlichsten Fragen zulassen und neue Denkansätze mit einem Freund/einer Freundin oder in einer Selbsthilfegruppe besprechen.

Teil IV will Ihnen zu ganzheitlich erneuerter Lebens- und Schaffenskraft in der Geborgenheit der Liebe Gottes verhelfen.

Und hier noch eine Bemerkung für Leser, die von Kirche nichts mehr wissen wollen: Wir, Curt und Jan, waren selbst im Begriff, aus der Kirche auszutreten, als wir begannen, Hilfe zu suchen. Wir waren ausgebrannt und glaubten, die Kirche könne uns nichts mehr bieten. Wir hatten Gott missverstanden und waren restlos erschöpft von all den vergeblichen Versuchen, ihn zu begreifen.

Unser Gebet ist, dass Sie zulassen, dass Gott Ihr Vertrauen zu ihm neu weckt und dass er Ihnen beim Aufdecken und Heilen alter Verletzungen den nötigen geschützten Raum bieten kann.

# Kapitel 2
## Drei Beispiele aus dem Leben

Bei unserem Bemühen um innere Klärung ist es hilfreich, Menschen zu finden, die uns an ihren Lebenserfahrungen teilhaben lassen und so zu Wegbegleitern werden. Lassen wir sie erzählen:

## Susanne

In der hereinbrechenden Dämmerung saß ich mit meiner Freundin auf ihrem Bett. Sie sprach über die Liebe, die Freude und den Frieden, den man erfährt, wenn man Christus in sein Leben aufnimmt.

Heute war ich dafür offen. Doch noch am Abend zuvor war ich drauf und dran, mein Leben zu beenden. Niemand hätte das verstanden. Eine so erfolgreiche junge Frau wie ich!

Meine Freundin sagte, niemand habe Gottes Liebe verdient, und ich musste zustimmen. Wir beteten zusammen, und ich nahm Christus in mein Leben auf. Dann fiel ich auf ihr Bett und weinte anhaltend.

Ein paar Monate später fiel ich weinend auf mein eigenes Bett. All meine alten Chaos- und Wutgefühle kamen wieder hoch. Ich fühlte mich wieder leer und allein. Bin ich nun wirklich gerettet? fragte ich mich. Vielleicht sollte ich mich bei der nächsten Evangelisation öffentlich für Jesus entscheiden. Ich tat es, aber Freude und Friede, die ich am Anfang empfunden hatte, kehrten nicht wieder. Das konnte nur eins bedeuten: ich hatte Gott enttäuscht oder erzürnt! Vielleicht war ich nicht gut genug, um sein Kind zu sein.

Doch ich wusste ja von meinen früheren Erfahrungen, wie ich Menschen dazu bringen konnte, mich zu lieben. Das wollte ich nun bei Gott anwenden. Ich würde anständig sein, hart arbeiten und jedermann helfen.

Anderen zu helfen, hatte schon immer meine innere Leere ausgefüllt. Nachdem meine Mutter meinen Vater bei der Scheidung hinausgeworfen hatte, besuchte ich ihn täglich. Er war dann stets betrunken. Oft hatte er nichts zu essen im Haus, also brachte ich ihm von uns etwas mit.

Später – nachdem ich Missionarin geworden war – dachte ich: Kann Gott mit meinem Opfer nicht zufrieden sein? Hierfür muss er mich doch wohl lieben! Die Tätigkeit in einem Waisenhaus in Kenia füllte meine Leere aus. Aber jedes Mal, wenn ich ein einsames und leidendes Kind sah, erkannte ich mich darin selbst wieder und musste weinen. Meine wohlmeinenden christlichen Freunde drängten mich: „Du musst mehr beten, mehr die Bibel lesen, mehr auf Gott vertrauen!"

All das tat ich, aber es ging mir nur schlechter. Ich scheute davor zurück, meinen Freunden zu sagen, dass ihre Ratschläge nicht funktionierten, weil sie mich ja für ungeistlich halten könnten.

Ich suchte eine Lösung darin, in einem noch schwierigeren Land als Missionarin zu arbeiten. So bewarb ich mich für ein hinduistisches Land. Dort erhielt jeder, der bei einem Bekehrungsversuch erwischt wurde, sieben Jahre Freiheitsstrafe. Ein Märtyrer zu sein, hatte für mich eine doppelte Anziehungskraft: Gott konnte stolz auf mich sein – und wenn ich starb, war das eine Erlösung von dem immer wiederkehrenden Schmerz.

Drei Jahre später zwang mich eine Krankheit, in die Heimat zurückzukehren. Ich wurde so depressiv, dass ich einen Seelsorger aufsuchte.

„Wie war es früher bei Ihnen zu Hause?", fragte er.

„Mein Vater ist Alkoholiker, aber das war ein Vorteil", erklärte ich. „Ich bin dadurch stärker und einfühlsamer geworden. Ich bin anpassungsfähiger als andere, weil ich mich als Kind immer auf Unvorhersehbares einstellen musste."

Der Seelsorger lächelte und erklärte mir, dass in einer Alkoholikerfamilie die üblichen Verhaltensweisen unserer Gesellschaft wie Verleugnung von Tatsachen, Schuldzuweisungen, Aggressivität und Isolation ganz besonders zum Tragen kommen. Er sagte, meine Depression sei hierauf zurückzuführen.

Ich starrte ihn an. Es klang so, als spräche er in einer fremden Sprache. Ich konnte es nicht glauben. Er gab mir die Anschrift einer Selbsthilfegruppe in einer nahegelegenen Kirche und schlug mir vor, probeweise einmal hinzugehen.

Von dem Gruppentreffen war ich schockiert. Leute, die total normal aussahen und große Bibelkenntnis hatten, fühlten sich so niedergeschlagen wie ich. Beim Zuhören musste ich weinen. Doch selbst als ich nicht aufhören konnte zu weinen, wurde ich nicht als gestört oder verrückt behandelt. Erst hinterher sprachen mich einige Teilnehmerinnen verständnisvoll darauf an.

Ich weinte mich durch die ersten sechs Gruppentreffen hindurch. Ich lernte, dass ich nicht länger so tun musste, als wäre ich eine „Superchristin". Ich durfte mich genau so geben, wie ich war, und trotzdem mochte man mich. Ich fühlte mich wie in einer Familie.

Beim siebten Gruppentreffen gab ich zu, dass ich das Missionsfeld als Zuflucht benutzt hatte, weil ich anders im Leben nicht klargekommen wäre. Ich war losgezogen, „die Welt zu retten" – so wie ich meinen Vater retten wollte. Ich erwartete, die Gruppenteilnehmer wären nun entsetzt, aber sie lächelten und nickten. Sie verstanden mich.

Durch ihr Verständnis und ihre Annahme begann ich zu spüren, dass auch Gott mich annahm, wie ich war. Ich lernte, Gott zu sagen, wie ich mich wirklich fühlte. Ich musste nichts unternehmen, um ihn dazu zu bringen, mich zu lieben. Nach einiger Zeit war ich versucht, wieder nur so zu tun, als ginge es mir gut. Heute weiß ich, dass es ein lebenslanger Prozess ist, mit Gott in Verbindung zu bleiben und zu glauben, dass er mich liebt, wie ich bin. Bei jeder Übergangsphase meines Lebens mache ich mir klar, woher ich komme, und erinnere mich daran, dass Gott mich liebt und in mir am Werk ist.

## Matthias

„Du tust so, als ob nichts wäre!", warf mir meine Schwester Maria an den Kopf. „Aber ich sehe dir deine Angst doch an. Deine Stimme zittert. Du bist nervös!"

Ich wusste nicht, was ich sagen sollte. Wir hatten gerade offen darüber gesprochen, dass ich mehr als normal Hemmungen hatte, mich mit Mädchen zu verabreden.

Ruhiger sagte sie: „Ich sehe diese Angst in dir, weil ich das von mir selbst kenne. Das muss aber nicht sein! Wir müssen nicht dafür leben, von anderen anerkannt zu werden."

Ich protestierte.

„Du kannst mir glauben", fuhr sie fort. „Ich habe meine Ehe sehr belastet dadurch, dass ich nicht über meine Wünsche gesprochen habe. Es klingt komisch: Es klappt besser, wenn ich ausspreche, was ich denke und fühle. Dann versteht mich mein Mann und wir setzen uns mit den Dingen auseinander. Aber du behältst für dich, was du denkst und fühlst."

Maria nahm an, mein Problem mit Frauen habe tiefere Wurzeln, aber ich war mir da nicht so sicher. Auch meine berufliche Laufbahn war problematisch. Ich hatte bei mehreren christlichen Werbeagenturen gearbeitet, konnte aber nie länger an einer Sache dranbleiben. Ich wechselte von einer Arbeitsstelle zur anderen. Ich hatte kein Selbstvertrauen und keine Ziele.

Ich scheute davor zurück, näher mit Menschen in Berührung zu kommen. Von klein auf hatte ich erfahren, dass Menschen mich verlassen oder wegschicken, wenn ich ihre Nähe suche.

Ich erinnere mich, wie ich sechs Jahre alt war und nicht verstand, warum ich nicht mehr nach Hause konnte. Da meine Eltern Missionare in Pakistan waren, kam ich in ein Internat. Wir Neulinge wurden von den älteren Schülern im Schlafsaal gequält. Seitdem habe ich Angst vor Menschen, die älter sind als ich oder mir als Autorität übergeordnet sind.

Die Rückkehr ins Internat nach einem Urlaubsjahr mit meinen Eltern war noch schlimmer. Eine Lehrerin sah nicht, wie traurig ich war, sondern dachte, ich wäre faul. Sie schickte mich viele Male zum Direktor. Oft musste ich zur Strafe einen Satz 500 mal schreiben. Am Schuljahresende schlug sie meinen Eltern vor, die Klasse zu wiederholen. Meine Eltern gingen darauf ein. Das bestätigte meine Überzeugung, dass ich überhaupt nichts tauge.

Das Sitzenbleiben machte mir während der restlichen Schulzeit gehörig zu schaffen. Auch die Ferien waren für mich belastend. Wenn meine Eltern mich aufforderten, in einer Gemeinde, die uns als Missionare finanziell unterstützte, nach vorn zu gehen und einen Bibeltext vorzulesen, packte mich die Angst.

Als ich älter wurde, lernte ich Rollen zu spielen, um durchzukommen. Ich konnte Menschen auf Abstand halten, indem ich mir vorstellte, ich sei jemand anderes.

Meine Mutter stellte sich gern als verantwortungsvolle Missionarin dar, die alle Aufgaben fehlerlos erledigte. Sie hielt das Haus absolut sauber. Äußere Dinge schienen ihr wichtiger als das Wohlergehen ihrer Kinder. Sie regte sich auf, wenn wir nicht pünktlich waren, weil das einen schlechten Eindruck mache. Ich stand stets unter Spannung, wenn wir als Familie irgendwo hingingen.

Im Laufe der Jahre lernte ich, mich von meinen Eltern zu distanzieren. Es tat so weh, sie nach dem monatelangen Zusammensein während der Ferien jeden Herbst wieder fürs Internat verlassen zu müssen. Darum hielt ich mich bewusst von ihnen auf innerem Abstand.

Und als ich in die Vereinigten Staaten zurückkehrte, um ein College zu besuchen, blieb ich dabei, Menschen auf Abstand zu halten.

Als meine Eltern ihre endgültige Rückkehr in die Staaten ankündigten, drängte mich meine Schwester Maria, mich darauf vorzubereiten. Ich ging zu einem Seelsorger und in eine Selbsthilfegruppe, fühlte mich aber dennoch unwohl.

In einer Gruppenstunde sagte ich zu Harry, einem der Teilnehmer, wie sehr seine Geschichte der meinen glich. Danach konnte ich ihm stundenlang mein Herz ausschütten. So offen war ich noch nie gewesen!

Geschahen während der Woche schlimme Dinge, setzte ich mich – so gut es ging – damit auseinander und sprach nach der Gruppenstunde mit Harry darüber. Manchmal gingen wir dann zum Essen. Dabei fragte er mich manchmal unvermittelt: „Wie fühlst du dich? Wolltest du diese Frau wirklich ignorieren? Was genau hat deinen Chef so in Rage gebracht?" Seine Fragen halfen mir, aus meiner inneren Umnebelung herauszukommen. Ich fand immer deutlicher heraus, was ich fühlte und warum das so war.

Umgekehrt ließ mich Harry Einblick in seine Gedanken nehmen. Beispiel: „Ich arbeite intensiv daran, dass ich nicht versuche, meinem Chef zu imponieren!" In der folgenden Woche fragte ich ihn dann, wie es funktioniert hatte.

Als meine Eltern auf Dauer zurückkehrten, waren sie besorgt, weil ich noch nicht verheiratet war und noch nicht genau wusste, was ich im

Leben erreichen wollte. „Du brauchst eine Familie! Du musst Karriere machen! Irgendetwas stimmt bei dir nicht!", bedrängten sie mich.

Maria versuchte, ihnen zu erklären, wie es um sie und mich stand. Ich hätte meine Eltern gern damit verschont und es lieber gehabt, wenn Maria geschwiegen hätte. Andererseits war mir klar: alles, was sie sagte, entsprach den Tatsachen.

Meine Mutter versuchte, sie immer wieder zu unterbrechen. Mein Vater warnte uns vor dem „Geschwätz von Psychologen". Ich versuchte zu erklären, dass dies auch mit meinem geistlichen Leben zu tun hatte, aber beide waren schlechte Zuhörer.

Schließlich sprach meine Mutter über ihre eigenen Verlassenheitsgefühle. Ihre Mutter hatte sie bei einer Tante gelassen, als sie sechs Jahre alt war. So erfuhr ich zum erstenmal, dass auch meine Eltern Verletzungen hatten und diese vielleicht mit Arbeitssucht überdeckten.

Auf dem Nachhauseweg rief ich Harry an und wir machten einen Spaziergang. Ich sprach offen darüber, dass ich mich als Kind im Internat von Gott verlassen gefühlt hatte. Ich bekam einen Weinkrampf, so sehr ich mich auch um Beherrschung bemühte. Dies half mir mehr als alles andere, meine Gefühle von Verlassenheit und Unsicherheit aufzuarbeiten.

Heute brauche ich mich nicht mehr ständig selbst herabzusetzen. Und ich kann andere Menschen besser annehmen, weil ich so viel über die inneren Auseinandersetzungen anderer gehört habe. Ich brauche nicht mehr in Depressionen zu verfallen, denn ich habe die Gewissheit: Ich bin angenommen, selbst wenn ich wütend oder aufgebracht bin.


## Daniela

„Wie sah es bei Ihnen zu Hause aus?", fragte mich mein Chef.

Das ärgerte mich. Ich wollte ihn nur um Rat fragen wegen eines Problems mit meinem heranwachsenden Sohn – und jetzt unterstellte er, ein Pastor, dass ich aus einer Problemfamilie stammte!

„Warum fragen Sie?", erwiderte ich in gewohnt ruhiger Gemeindesekretärinnen-Manier.

„Weil so viele Gefühle, von denen Sie sprachen, in dem Buch vorkommen, das ich gerade lese. Es handelt davon, wie Menschen sich verhalten, die aus Alkoholikerfamilien kommen."

„Das trifft bei mir überhaupt nicht zu", sagte ich mit einem höflichen Lächeln. „Meine Eltern waren bestimmt keine Trinker."

Innerlich wurde mir ganz heiß. Ich wusste, wovon er sprach, denn ich hatte einiges Material in dieser Richtung für ihn getippt.

Im Laufe des Tages fiel mir ein, dass mein Vater darüber gesprochen hatte, Großvater sei ein Trinker gewesen. Später – an der Kopiermaschine – fragte ich den Chef: „Würde es sich denn auf mich auswirken, wenn mein Großvater viel getrunken hätte?" Er meinte, das könne schon sein – je nachdem, wie mein Vater mit seiner eigenen Kindheit umgegangen sei. Ach du meine Güte! dachte ich, jetzt schlittern wir mitten hinein in den Psychokram!

Ich fragte ihn, was er damit meine. Seine Antwort: Wenn mein Vater (obwohl er nicht trank) die unberechenbare Verhaltensweise seines Vaters übernommen hätte, könnten sich solche Neigungen auf mich übertragen haben.

Als ich dann am Schreibtisch den vollgetippten Bogen aus der Schreibmaschine zog, dachte ich an meine Probleme mit meinem Sohn. Wenn ich ehrlich war, musste ich zugeben, dass es auf mich zutraf: Ich suchte Anerkennung bei anderen, urteilte hartherzig über mich selbst und hatte Schwierigkeiten mit engen Beziehungen.

Diesen Teil von mir kannte sonst niemand. Meine Freunde kannten mich als tüchtige Fachkraft, die nur Gutes tat, Aufgaben flott erledigte, fehlerfrei tippte und erst spät Feierabend machte. Niemals wären sie darauf gekommen, dass ich zu Hause dann noch so überdreht war, dass die kleinste Bemerkung meines Mannes oder meines Sohnes mich auf hundert brachte. Beispielsweise empfand ich die einfache Frage meines Mannes: „Sind noch saubere Hemden da?", als persönlichen Angriff. Deshalb wusch er sie oft selbst, um mich nicht aufzuregen.

Dennoch war ich nie zufrieden. Ständig ärgerte ich mich über meinen Mann und meinen Sohn. Das war so entmutigend! So sehr ich mich auch anstrengte – Glück und Zufriedenheit waren nie von Dauer. Nie konnte ich die liebe, nette Christin sein, die ich eigentlich sein wollte.

Nun fragte ich mich also, ob mein Vater genauso empfunden hatte wie ich. Er war ein Einzelkind, und noch im Kindesalter verließ ihn seine Mutter. Er wurde von einer strengen Großmutter und seinem alkoholabhängigen Vater aufgezogen. Mein Vater war meistens warmherzig und fürsorglich, neigte aber zum Jähzorn. Er konnte mir freundlich ein Glas Eistee bringen – doch wenn Mutter dann fragte „Warum hast du mir keinen Tee gemacht?", brüllte er los. Ich war verunsichert, weil ich nie wusste, wie er reagieren würde.

Auch Mutter war ein Einzelkind. Sie wuchs in einer behüteten, aber strengen Familie auf. Sie musste sich immer fügen und behandelte meinen Bruder und mich entsprechend autoritär. Schon früh machte ich die Erfahrung, dass ich geschlagen wurde oder den Mund mit Seifenwasser auswaschen musste, wenn ich „Widerworte" gab. Ich lernte, dass man keine echten Gefühle zeigen durfte, sondern nur solche, die anderen genehm waren.

Als Erwachsene lud ich diese Wut bei meinem Mann und meinem Sohn ab. Ich verhielt mich genau wie mein Vater – ich fluchte, schlug die Türen und machte sie mit verletzenden Worten fertig. Dabei hatte ich Gott versprochen, meinen Sohn niemals so zu behandeln, wie meine Eltern mich behandelt hatten.

Nach jenem Tag im Büro las ich die Bücher, die mir mein Chef empfahl, und ging sogar zu einer Selbsthilfegruppe. Nach der ersten Gruppenstunde sagte ich zu meinem Mann: „Das ist ja ein Haufen von Jammerlappen!" Doch am folgenden Dienstag ging ich wieder hin. Ich erkannte, dass sie keine Jammerlappen waren, sondern nur offener als die meisten anderen Menschen. Diese Aufrichtigkeit und das Angenommensein brachten mich dazu, eine von ihnen zu werden und über mein wahres Ich mit ihnen zu reden.

Nach einigen Jahren der Arbeit an mir selbst entdeckte ich zweckmäßigere Wege, meine Wut loszuwerden. Ich lernte, andere weniger zu beherrschen. Bald darauf fragte mich mein jetzt 22-jähriger Sohn zum erstenmal um Rat, weil er nun wusste, er bekommt eine normale Meinungsäußerung und keine Standpauke.

Meine Gefühlslage hat sich völlig verändert. Ich werde nur noch selten wütend und kann angemessen auf andere Menschen reagieren, statt aus meinen Gefühlen heraus zu handeln.

Damals gab ich meine Stelle als Gemeindesekretärin auf, weil mein Mann und ich übereingekommen waren, dass ich Zeit brauchte, um mich selbst besser kennen zu lernen.

Inzwischen habe ich die Rolle der „Superchristin" aufgegeben und gehe wieder gern zur Kirche. Auch arbeite ich wieder als Gemeindesekretärin. Doch heute ist es anders als früher. Ich bin ruhiger, weil ich nicht perfekt sein muss. Ich versuche, mein Bestes zu geben – auch wenn an manchen Tagen einfach nichts gelingt. Ich mache neue Erfahrungen damit, aufrichtig zu sein.

Kürzlich beklagte sich meine Mutter über einen Jähzornausbruch von Vater. „Hast du ihm jemals gesagt, wie du dich dabei fühlst?", fragte ich.

„Nein", sagte sie überrascht, „das würde er gar nicht leiden können."

„Wenn du ihm sagst, dass du dich in solchen Situationen miserabel fühlst", fuhr ich fort, „hört er vielleicht damit auf. Sage ihm, dass du das nicht länger hinnehmen willst."

Meine Mutter starrte mich an.

„Ich spreche aus eigener Erfahrung, Mutter. Wir benehmen uns wie Großvater, wenn wir wütend sind. Und das ist der Sache nie angemessen."

Meine Mutter war perplex, ihr fehlten die Worte. Doch im letzten Jahr hat sie das ein paarmal praktiziert.

Ich sprach damals auch mit meinem Vater und war überrascht, wie zart besaitet er war. Er fing an, über seine Kindheit zu erzählen. Ich hörte zu und stellte Fragen. Wir unterhielten uns so intensiv, dass wir darüber unsere Tischreservierung im Restaurant ganz vergaßen. Heute kann ich mich in meine Mutter und meinen Vater einfühlen. Sie hatten stets versucht, nach bestem Wissen zu handeln.

Diese Bemühungen um innere Ausgeglichenheit brachten ein weiteres Ergebnis: Ich entdeckte Gott und seine Liebe zu mir persönlich.

Die Lebensgeschichten anderer Menschen können uns klarmachen, dass wir nicht ungeistlich oder geistesgestört sind. Selbst Missionare und kirchliche Mitarbeiter kämpfen gegen ihre dunklen Seiten.

Niemand ist ausgenommen. Wenn uns andere Einblick geben in ihr Inneres, fällt es uns leichter, die eigenen verborgenen Gedanken und Gefühle zuzulassen, durch die wir uns so minderwertig, ungeistlich und menschenunwürdig vorkommen. Wir lernen, dass Gott diese geheimen Gedanken und Gefühle kennt und uns heilen und freimachen will. Er will uns helfen, mit anderen offen umzugehen, und uns überzeugen, dass er uns liebt.

## Zum persönlichen Nachdenken

Vielleicht haben diese Lebensgeschichten Fragen über Ihr eigenes Leben ausgelöst. Nehmen Sie sich etwas Zeit, um sich zu sammeln. Bitten Sie Gott, Ihnen zu zeigen, was Sie über sich selbst erkennen sollten. Beantworten Sie dann die nachstehenden Fragen so ehrlich wie möglich.

- In wem erkennen Sie sich am meisten wieder – in Susanne, Matthias oder Daniela? Was ist dabei der eigentliche Punkt?
- Wenn Sie in der Familie, in der Sie aufgewachsen sind, etwas hätten ändern können: was wäre das? Und warum?
- Was würden Sie Ihren Eltern heute am liebsten sagen, wenn sie sich trauen würden?
- Wenn Ihre Eltern einen Umstand in Ihrer Kindheit ändern könnten: was würden sie Ihrer Meinung nach wählen?
- Auf welche Weise hat Gott Sie als Kind beschützt?
- Worüber wurde in Ihrer Familie nie gesprochen?
- Zu wem in Ihrer Familie hatten Sie das größte Vertrauen?
- Mit welchen Gefühlen hatte Ihre Familie Schwierigkeiten?
- Mit welchem Freund/welcher Freundin könnten Sie Ihre Antworten besprechen?

# Kapitel 3
## Kernfragen des Lebens

*Was muss ich tun, um geliebt zu werden?*
*Was muss ich tun, um anerkannt zu werden?*
Viele Menschen stellen sich diese Kernfragen des Lebens erst dann, wenn ihnen ihre bisherigen Antworten nicht mehr genügen. Sie denken: Wenn ich heirate, dann werde ich geliebt. Doch dann finden sie in der Ehe nicht die hingebungsvolle Liebe, die sie brauchen, oder die Ehe geht bald auseinander. Oder der Beruf, der ihnen früher ein gutes Selbstwertgefühl vermittelte, erscheint ihnen jetzt schal und leer. Oder die Kinder, die ihnen Lebenssinn gaben, sind nun aus dem Haus.

Werden die obigen Fragen nicht beantwortet, bleiben wir ständig auf der Suche. Wir mögen uns noch so anstrengen, Menschen und Umstände zu unseren Gunsten zu beeinflussen – es gelingt nicht.

Manche unterdrücken jahrelang diese bohrenden Fragen, bis sie sich ihnen stellen. Bei anderen mag erst eine schmerzhafte Krise dazu führen. Stellen sie sich den Fragen nicht, schieben sie vielleicht anderen die Schuld zu und kommen nie zu einer Lösung.

## Wenn Krisen aufbrechen

Bei vielen Menschen haben verborgenes Leid und Enttäuschungen aus der Vergangenheit allmählich einen inneren Tank gefüllt. Dieser kann überraschend explodieren und eine Krise auslösen.

**Scheidung.** Manche Ehepartner sind von ihrer eigenen Scheidung überrascht. „Ich wusste, dass wir Hilfe brauchten", sagen sie, „aber warum will mein Partner von heute auf morgen abbrechen? Wann ist denn unsere Beziehung so sehr zerstört worden? Warum war mein Partner gestern noch zufrieden und heute ist er am Ende? Was habe ich übersehen?"

Der Partner sagt dagegen: „Sie ist zu Hause ein anderer Mensch als nach außen. Ich liebe sie, aber ich kann mit ihr nicht mehr leben. Ich habe ihre Launenhaftigkeit jahrelang ertragen, aber jetzt geht es nicht mehr."

Oder eine Ehefrau begründet ihr Weggehen so: „Ich bin es leid, mit jemand verheiratet zu sein, der mir fremd ist. Manchmal geht er auf Abstand zu mir oder es ist ihm alles egal. Ich weigere mich, für den Rest meines Lebens nicht beachtet zu werden. Versuchen Sie nicht, uns wieder zusammenzubringen – ich will nicht mehr. Ich will einfach nur frei sein."

**Zwanghaftes Verhalten.** Wenn wir uns schlecht fühlen, können alle – auch gute – Dinge zu zwanghaftem Verhalten führen, wenn wir sie gebrauchen, um unser geschwächtes Selbstbewusstsein wieder aufzurichten. Beispielsweise kann der harmlose Wunsch, im Badeanzug eine gute Figur abzugeben, in Essstörungen umschlagen. Ein paar Glas Bier können zur einzigen Möglichkeit der Entspannung werden. Andere können das Geld nicht mehr zusammenhalten, lesen pornografische Hefte oder begehen kleinere Ladendiebstähle, wenn sie traurig oder gelangweilt sind oder eine Belohnung nötig haben.

Nachmittags halb fünf war für Ronald die beste Tageszeit. Dann konnte er sich am Fernseher Basketball ansehen. War er besonders deprimiert, ging er mit einem Freund in eine Pizzeria und verfolgte dort die Spielserie auf dem großen Monitor.

Dann wurde das Fernsehen zu einem ständigen Hilfsmittel, dem Alltag zu entfliehen. Er sah bis spät in die Nacht Filme und schlief am nächsten Tag lange. Das mit Gelegenheitsjobs verdiente Geld gab er aus für Videokassetten statt für seine Familie. Der Fernsehsessel wurde sein einziger Aufenthaltsort. Und dort blieb er. Ihm war klar, dass er das Fernsehen als Zuflucht gebrauchte, aber er konnte nichts dagegen tun. Er war nicht überrascht, als seine Frau Linda ihm vorhielt: „Manchmal frage ich mich, ob du dich wirklich um eine neue Arbeitsstelle bemühst. Das einzige, was du tust, ist fernsehen!"

„Ich kann die Rechnungen nicht bezahlen", entgegnete Ronald.

„Ich finde keine Arbeit. Und wenn ich eine finde, ist es die falsche. Ich sehe fern, um das alles zu vergessen."

„Aber du vergisst mich und die Kinder und deine Verantwortung und sogar deine Gesundheit!", wandte Linda ein. „Du gehst ja nicht mal zum Arzt."

„Das Fernsehen ist mein Fluchtort", erklärte Ronald. „Ich kann deine Frage nach meiner Arbeitssuche nicht beantworten. Ich fühle mich so mies, dass ich mich kaum traue, dich anzusehen. Da ist es einfacher, vor der Glotze zu sitzen."

Ronalds Problem verschlimmerte sich, bevor es besser wurde. Er brauchte viel Zeit zu der Erkenntnis, dass seine Abhängigkeit vom Fernsehen ein Anzeichen dafür war, dass in seinem Inneren etwas nicht stimmte.

Nicht nur die vergebliche Arbeitssuche war für ihn schmerzlich, sondern er musste auch noch das Gefühl unterdrücken, nie gut genug zu sein. Stimmen aus der Vergangenheit verfolgten ihn: Du versuchst es ja gar nicht! Du bist faul! Du hast nichts als Schwierigkeiten!

Das war ihm während seiner Studentenzeit vorgehalten worden, und er hatte sich dem nie gestellt, ob das stimmte oder nicht.

**Versagen im Beruf.** Es gibt Menschen, die ihr Examen nicht schaffen oder ihre Arbeitsstelle verlieren, weil sich Gefühle aus der Vergangenheit in ihr Arbeitsleben einmischen. Einerseits setzen sie sich nicht genug ein, andererseits stellen sie andere durch ihre hervorragenden Leistungen in den Schatten. Sie können ihr Temperament nicht zügeln, insbesondere beim Umgang mit Vorgesetzten. Nach der Entlassung erzählen sie dann, ohne sie ginge die Firma pleite. Oder sie spielen Erleichterung vor, weil der Kampf um den Erfolg sie körperlich und seelisch erschöpft habe.

**Krankheit.** Immer mehr Allgemeinmediziner geben ihren Patienten Fragebögen über ihren familiären Hintergrund, weil die Mehrzahl der Krankheiten stressbedingt sind. Stress erhöht die Anfälligkeit für Allergien, Asthma, Hauterkrankungen, Arthritis, Krebs, Infektionen, Kiefererkrankungen und Störungen des Immunsystems. Als Warnzeichen für tieferliegende Störungen gelten Kopfschmerzen, Verstopfung, Durchfall, Muskelverspannungen und Schlafstörungen.

Die Ärzte empfehlen zunehmend Selbsthilfegruppen und Therapien, wenn sie die Krankheit auf Stress zurückführen. Zum Beispiel werden bei der Behandlung von Magersucht Selbsthilfegruppen und Therapie für die ganze Familie empfohlen.

**Posttraumatische Störungen.** Hierbei denkt man zunächst an Kriegsveteranen mit wiederkehrenden Erinnerungen an schreckliche Kriegserlebnisse. Im Traum und im Wachzustand tauchen realistisch Bilder, Geräusche und Gerüche des Kampfgeschehens auf. Auch Nicht-Kriegsveteranen leiden, wenn traumatische Kindheitserlebnisse aus der Erinnerung auftauchen, die sie lange unterdrückt hatten. Sie hatten versucht, die „Kriege" ihrer Kindheit zu vergessen, doch der Schmerz ließ sich nicht auf Dauer verdrängen.

**Panikattacken.** Panikattacken sind eine körperliche Reaktion auf inneren Schmerz, der sich nicht mehr unterdrücken lässt. Urplötzlich erlebt jemand Herzrasen, Atemnot, Schwindel, er schwitzt stark oder muss sich erbrechen. Gedanken jagen unkontrolliert durch den Kopf. Menschen mit Platzangst (Agoraphobie) erleben oft Panikattacken auf offenen Plätzen, besonders wenn diese belebt sind.

## Wenn wir Schmerz nicht zulassen

Bei manchen Menschen explodiert der Tank mit dem verborgenen Schmerz und den Enttäuschungen nicht, sondern wird erst allmählich undicht, bis die Betroffenen spüren, dass sie auf nicht mehr tragfähigem Boden stehen.

**Beginnende Depression.** Menschen mit Depressionen fühlen sich vom Leben abgeschnitten. Sie nehmen keine Anregungen mehr auf und sind an Personen und Unternehmungen nicht interessiert. Das belastet ihre Arbeit und ihre Beziehungen. Beten und Bibellesen scheint auch nicht mehr zu helfen.

**Schwere Depression.** Diese tritt oft bei Erwachsenen auf, die als Kinder aus irgendeinem Grund extrem zornig wurden. Dieser Zorn schwelt in ihnen weiter und es scheint dafür keine Lösung zu geben. Manchmal wird dieser Zorn verinnerlicht und die Menschen werden schwer depressiv. Dieser verinnerlichte Zorn ist schwer zu erkennen und zu behandeln.

**Unerklärliche Streitigkeiten mit Familienangehörigen.** Menschen, die mit ihren Eltern, Kindern und Geschwistern gut klargekommen sind, denken auf einmal, diese würden sie meiden oder zu viel von ihnen verlangen. Ein Handtuch auf dem Boden oder nicht erledigter Abwasch nerven sie wie nie zuvor. Statt darüber hinwegzugehen, können sie ihren Mund nicht halten. Die Angehörigen erleben, dass der Betroffene alles, was sie tun, falsch auslegt.

**Unfähigkeit, Dinge zu Ende zu führen.** Nichts wird zu Ende gebracht, Termine übersehen, Versprechen nicht eingehalten. Die früheren Werte gelten nicht mehr. Den Betroffenen gefällt ihre Handlungsweise selber nicht, aber sie finden nicht die Kraft und den Mut zur Änderung.

## Ausweichen hilft nicht

Wir sind erstaunlich erfolgreich darin, über innere Unruhe und sogar Krisen hinwegzugehen. Aber wenn wir Zeit zum Nachdenken haben, kommen diese Dinge hoch. Ein Urlaub ohne Zeiteinteilung kann dann höchst unangenehm werden. Wenn Freunde oder Verwandte zu Besuch kommen, vergleichen wir uns vielleicht mit ihnen. Das Ergebnis schmeckt uns gar nicht!

Auch Arbeitslosigkeit können die früheren Gefühle der Einsamkeit und Minderwertigkeit wieder hochkommen lassen. Wir fühlen uns dann wieder als Kind, das im Bett lag und die Decke anstarrte: Was soll bloß aus mir werden?

In unserer westlichen Kultur treten solche Krisen oft bei Lebensübergängen auf, vielfach in Abständen von zehn oder fünfzehn

Jahren. An diesen Weggabelungen überschlagen wir, ob unser Leben das gebracht hat, was wir erwartet haben: Was habe ich eigentlich von meinem Mann, meinen Kindern, meiner Gemeinde, meinen Freunden, meiner Arbeit?

Wenn die Antworten unbefriedigend ausfallen, tauchen wieder die bereits genannten Kernfragen auf:

*Was muss ich tun, um geliebt zu werden?*
*Was muss ich tun, um anerkannt zu werden?*

Diese Selbstprüfung umfasst üblicherweise drei Phasen:
● Wir lassen alte Wertvorstellungen zurück.
● Wir entwickeln neue Wertvorstellungen.
● Wir versuchen, die neuen Wertvorstellungen umzusetzen.

Gelingt uns diese Umsetzung nicht, weil uns Möglichkeiten zur Verständigung oder Selbstvertrauen fehlen, resignieren wir. So war es bei Matthias, als er ständig die Arbeitsstelle wechselte (Kapitel 2). Das kann sich noch steigern, wenn wir uns in unerträglichen Situationen befinden, zum Beispiel in einer erniedrigenden Arbeitssituation oder in einer Ehe mit einem gewalttätigen Partner, und wir nicht wissen, woher wir Kraft und Mut zur Änderung nehmen sollen.

Manchmal reagieren wir durch umfassende Veränderungsversuche: Wir wechseln den Beruf, verlassen den Ehepartner, errichten Mauern zwischen uns und den Kindern, steigen aus jahrelangen Beziehungen aus, treten aus der Kirche aus oder wieder ein. Auf allen Gebieten probieren wir Neues aus – und doch werden wir frustriert, wenn sich die erwartete Aufwärtsentwicklung nicht einstellt. Dann bedrängen uns Fragen wie: Was ist mit mir nicht in Ordnung? Warum kann ich weniger als die anderen?

Das Erwachsenwerden lässt sich in verschiedenen Lebensstufen beschreiben. Junge Erwachsene treffen in den zwanziger Jahren ihre ersten Entscheidungen über Beruf, Ehe, Werte und Zukunftserwartungen. Hierin spiegeln sich manchmal die Herkunftsfamilien wider. Wenn zum Beispiel die Eltern Christen waren, werden sie es oft auch. Oder sie ergreifen den gleichen Beruf wie Vater oder Mutter. Umgekehrt mögen manche die Grundeinstellungen ihrer Eltern für falsch halten und sich für das Gegenteil entscheiden: Meine Eltern sind faul, also werde ich hart arbeiten. Meinen Eltern bedeutete ihre Ausbildung nichts, also werde ich studieren.

Diesen ersten Entscheidungen folgen mindestens vier weitere Übergangsphasen, in denen die Menschen ihr Leben bewerten:

- Überprüfung und Änderung der ersten Entscheidungen, 28-33 Jahre
- Übergang zur Lebensmitte, 40-45 Jahre
- Übergang zur zweiten Lebenshälfte, 50-55 Jahre
- Übergang zum Alter, 60-65 Jahre

Tim beschreibt sein Ringen beim ersten Übergang, als er 30 Jahre alt war:

*Mit 24 beendete ich meine Pastorenausbildung. Ich heiratete eine Frau, die ich im Seminar bei der Kinderarbeit kennen gelernt hatte. Es war Liebe auf den ersten Blick.*

*Wir zogen in eine andere Stadt, um dort voller Hoffnung eine Gemeinde aufzubauen. Nacheinander bekamen wir drei Kinder. Unsere neue Gemeinde wuchs rasch. Innerhalb weniger Jahre zogen wir aus einem Hinterhaus in ein großes Gebäude.*

*Dann geschahen merkwürdige Dinge. Ich war erst dreißig, fühlte mich aber völlig entkräftet. Es kam mir so vor, als wolle sich der große Erfolg nicht einstellen, so sehr die Gemeinde auch gedieh oder so sehr mich meine Frau auch liebte. Bei einer Mitarbeiterbesprechung konnte ich eines Tages die Äußerungen des Jugendleiters nicht mehr ertragen, dessen keckes Mundwerk mich bisher nie gestört hatte. Ich hätte in die Luft gehen können, doch ich unterdrückte es.*

*Beim Nachhausekommen rutschte ich auf einem Skateboard meiner Kinder aus und fiel lang hin. Ich stand auf, schnappte mir meinen Sohn und schlug ihm – was ich noch nie getan hatte – voll ins Gesicht. Die Angst in seinen Augen werde ich nie vergessen. Ich bin normalerweise kein gewalttätiger Mensch und konnte nicht verstehen, was ich da angerichtet hatte. Was ging mit mir vor?*

Bei allen Veränderungen übersehen wir leicht, dass wir uns selbst mit unseren Lasten mitbringen. Um eine Krise so zu bewältigen, dass sie uns zum Guten dient, müssen wir die Vergangenheit neu bewerten und unsere alten Erwartungen und Strebungen überprüfen: Wie sollte ich mein Leben gestalten – unabhängig von dem, was meine Eltern getan oder gesagt haben, und wie ich darauf reagiert habe? Wie finde ich eine echte Beziehung zu Gott? Wie finde ich heraus, was Gott aus meinem Leben machen will?

Und wieder stoßen wir auf die Kernfragen: *Was muss ich tun, um geliebt zu werden? Was muss ich tun, um anerkannt zu werden?* Jeder sollte die Beziehung zu Gott so gestalten, dass sie als Antwort auf diese Fragen erfahren wird. Dazu kann eine akute Krise ebenso beitragen wie jahrelange Frustration. Bringen wir unsere Selbsterkenntnis vor Gott, vertieft sich unsere Beziehung zu ihm. So können eine Krise oder quälende Unruhe – die nur scheinbar ein Mißerfolg sind! – ein Weg zu echterem Leben und Glauben werden.

## Vielleicht fragen Sie ...

- *All dieses Sich-selbst-Prüfen klingt nach Überforderung. Sollte ich lieber noch warten?*
  Gehen Sie schrittweise vor, das Tempo bestimmen Sie. Sondern Sie sich aber nicht ab. Sprechen Sie mit anderen darüber. Suchen Sie fachliche Hilfe, wenn erforderlich. Bitten Sie Gott um Klarheit für den nächsten Schritt.
- *Was soll ich tun, wenn ich gerade in einer der genannten Übergangsphasen bin und meinen Beruf oder meine Ehe aufgeben möchte?*
  Wenn Sie nicht durchblicken und unter emotionalem Druck stehen, sollten Sie so wenig Änderungen wie möglich vornehmen. Nehmen Sie sich Zeit für die Arbeit an sich selbst.
- *Ich bin in einer christlichen Familie aufgewachsen. Aber heute hinterfrage ich, was ich über den Glauben und das Leben gelernt habe. Was ist bei mir nicht in Ordnung?*
  Dieses Hinterfragen kann öfter auftauchen, meistens jedoch

Anfang der zwanziger Jahre. Diese gesunde Ablösung von den Eltern gehört zur normalen Entwicklung. Wir sind nur deshalb irritiert, weil wir vielleicht gedacht haben, wir müssten wie unsere Eltern werden. Gott wird uns helfen bei der Klärung, was wir glauben und nicht glauben und wer wir sein sollen – unabhängig von unseren Eltern. Oft behalten wir die als gut erkannten Werte unserer Eltern bei, nehmen uns aber vor, das zu ändern, was sich bei uns nicht bewährt hat.

● *Was soll ich bei Selbstmordgedanken tun?*
Suchen Sie sofort fachliche Hilfe, zum Beispiel bei einer Beratungsstelle, bei der Telefonseelsorge oder bei einem Seelsorger. Die Telefonnummern können Sie dem Telefonbuch entnehmen. Behalten Sie die Verbindung zu Menschen. Oder sprechen Sie mit einer Person Ihres Vertrauens. Tragen Sie einen Zettel mit deren Telefonnummer immer bei sich.

Es ist gut zu wissen, dass Selbstmordgedanken gar nicht so selten sind. Sie sind von Selbstmordabsichten sehr wohl zu unterscheiden. Selbstmordgedanken drücken den starken Wunsch aus, einer Situation zu entfliehen. Bei Selbstmordabsichten besteht möglicherweise schon ein ins Detail gehender Plan.

Falls ambulante Hilfe nicht ausreicht, sollten Sie sich nicht scheuen, sich stationär behandeln zu lassen. Wenn die Krise abgeklungen ist, genügen wahrscheinlich eine ambulante psychologisch/seelsorgerische Behandlung oder Selbsthilfegruppen.

Selbstmordgedanken signalisieren oft, dass der Schmerz aus der Vergangenheit zu groß ist und wir ihm entfliehen möchten. Da ist es natürlich viel sinnvoller, die genannten Schritte zu gehen, weil es danach wirklich besser wird.

## Zum persönlichen Nachdenken

Nehmen Sie sich einen Augenblick Zeit, um sich zu sammeln. Bitten Sie Gott, Ihnen zu zeigen, was Sie über sich selbst erkennen sollten. Beantworten Sie dann die nachstehenden Fragen so ehrlich wie möglich.

- Welche der genannten Krisen haben Sie schon erlebt: Scheidung, Versagen im Beruf, Krankheit, posttraumatische Störungen, Panikattacken?
- Hatten Sie folgende Probleme: beginnende oder schwere Depression, unerklärliche Streitigkeiten mit Familienangehörigen; Unfähigkeit, Dinge zu Ende zu führen? Falls ja, was tun Sie, wenn Sie es durchmachen?
- Wie haben Sie in diesen Umbruchzeiten neue Werte für sich gefunden?
- Was steht bei Ihnen an erster Stelle: Berufskarriere, Ehe oder Beziehung zu Gott?
- Was tun Sie zur Verwirklichung dieser Ziele?

# Teil II
# Verletzungen, die die Seele blockieren

## Kapitel 4
## Menschsein – Lust oder Last?

Die Unfähigkeit, so als Christ zu leben, wie wir es eigentlich wollen, ist weltweit verbreitet. Es begann bereits mit dem Fall von Adam und Eva.

Schon Adam und Eva erlebten das schmerzliche Schuldbewusstsein und die zerschlagenen Hoffnungen, die viele Menschen heute erleben. Was konnte sie tiefer erniedrigen, als aus dem Garten Eden vertrieben zu werden? Was konnte sie als Eltern tiefer beschämen, als dass ein Kind das andere ermordete, dass Kain Abel umbrachte?

Nach ihrem Sündenfall bemerkten Adam und Eva, dass Dornen und Disteln nicht nur auf dem Erdboden wuchsen, sondern auch zwischen ihnen. Zu ihrem Fluch gehörte, dass einer über den anderen zu herrschen versuchen würde. Zu Eva wird gesagt: „Es wird dich zu deinem Mann hinziehen, aber er wird dein Herr sein" (Genesis 3, 16).

Wir können nur ahnen, wie erbärmlich sie sich gefühlt haben müssen, als der Fluch ihre zentralen Existenzgrundlagen – Beschaffung des Lebensunterhalts und Zeugung von Kindern (Genesis 3, 16-19) – erschütterte.

Diese erste biblisch überlieferte Familie zerbrach, weil dort schon die Familienangehörigen mit Verdrängung, Schuldzuweisung, Isolation und Handeln im Zorn reagierten. Die Neigung hierzu ist noch heute in der gesamten Menschheit unverändert vorhanden.

# Verdrängung

Wir meinen, die meisten Probleme seien wie ein Schluckauf: Wenn wir sie nur lange genug unbeachtet lassen, verschwinden sie von selbst. Das kann zu Verdrängungen führen – dann tun wir so, als ob schmerzliche Ereignisse nie stattgefunden hätten und als ob es uns gutginge, auch wenn es uns schlecht geht.

**Nur nicht darüber reden!** Nachdem das erste Menschenpaar ungehorsam gegen Gott war und vom Baum der Erkenntnis gegessen hatte, suchten sie nicht das klärende Gespräch mit Gott wie Kinder, die Vertrauen zu ihren Eltern haben: „Seht, was wir angestellt haben! Es tut uns leid. Was können wir jetzt tun?" Statt dessen versteckten sie sich vor Gott (Genesis 3, 8). Als Gott ihnen ihre Übertretung vorhielt, gaben sie ihre Schuld nicht zu und baten nicht um Vergebung.

**Trau keinem!** Als die Schlange zu Adam und Eva sagte, sie würden nicht sterben, falls sie vom Baum der Erkenntnis äßen, widersprach sie damit Gottes Wort (Genesis 3, 4.5). Adam und Eva hörten auf die Schlange statt auf Gott, der ihnen allen Grund gegeben hatte, ihm zu vertrauen. Er hatte ihre Bedürfnisse erfüllt und mit ihnen im Garten geredet. Sie fragten Gott nicht einmal nach seiner Meinung über die Aussage der Schlange. Ein vertrauensvolles Kind würde doch seine Mutter fragen: „Du hast doch gesagt ..."

**Unterdrücke deine Gefühle!** Selbst wenn Adam und Eva gewaltige Sorgen gehabt hätten: der Bibeltext sagt nichts darüber. Auch wird nicht berichtet, dass sie mit Gott verhandelt hätten, doch im Garten bleiben zu dürfen. Als einziges Gefühl wird Adams Angst erwähnt: „Ich hörte dich kommen, da bekam ich Angst und versteckte mich" (Genesis 3, 10). Doch selbst dies klingt nach Rechtfertigung seines Verhaltens, nicht als Eingeständnis der Angst.

Adam und Eva versuchten sich nun an einer Behelfslösung – sie flochten sich Lendenschurze aus Feigenblättern, die Gott später ersetzte (Genesis 3, 7.21).

So stürzen auch wir uns in unnütze, kurzatmige „Lösungs"-Versuche, wenn wir uns davor fürchten, dass Gefühle hochkommen und uns überwältigen könnten. Es ist leichter, jemandem, den wir verletzt haben, etwas zu schenken, als uns zu entschuldigen.

Verdrängung ist nur vordergründig nützlich, um mit Problemen fertig zu werden. In Wirklichkeit hat sie drei Seiten: die relativ nützliche, die schädliche und die bedrohliche.

**Verdrängung ist relativ nützlich.** Verdrängung erscheint nützlich bei Kindern, um über qualvolle Erlebnisse hinwegzukommen. Beispielsweise scheinen sie es zu schaffen, Gewalttätigkeiten oder sexuellen Missbrauch aus ihrem Gedächtnis zu verbannen. In Wirklichkeit speichern sie diese Erlebnisse jedoch im Unterbewusstsein, das dadurch zu einem dauerhaften Gefäß für schmerz-

*Nicht darüber reden! Trau keinem!*
*Unterdrücke deine Gefühle!*

liche Erfahrungen wird. Gott in seiner Barmherzigkeit lässt diese „Aufbewahrung" wohl zu, weil Kinder mit dem Schmerz anders nicht fertig werden können. Er wird so lange gespeichert, bis sie erwachsen sind und ihn zulassen und aufarbeiten können.

**Verdrängung ist schädlich.** Verdrängung wird für Betroffene schädlich, wenn sie sich als Erwachsene diesen Erinnerungen immer noch nicht stellen. So ging es Daniela in Kapitel 2.

**Verdrängung ist bedrohlich.** Ausgesprochen bedrohlich wird es, wenn diese Gefühlsverdrängung weitere lange Jahre anhält. Das Gefäß des Unterbewusstseins wird so prallvoll mit dem Schmerz der Verletzungen, dass es undicht wird. Das äußert sich dann in Form von quälender Unruhe und Krisen.

Es bedeutet harte, aber lohnende Arbeit, sich den Verletzungen zu stellen und die Verhaltensmuster und Rollen zu erkennen, die in der Kindheit entwickelt wurden und bis ins Erwachsenenalter beibehalten wurden. Es ist nicht leicht, neue Denkansätze zu entwickeln, aber nur das bringt uns weiter.

## Schuldzuweisung

Adam schob Eva die Schuld für seine Verfehlung zu. Eva tat das Gleiche mit der Schlange (Genesis 3, 12.13). Beide wollten korrekt vor Gott dastehen. Als ob Menschen Gottes Ansicht über sie manipulieren könnten! Unsere Art, die Verantwortung auf andere abzuschieben, drückt sich etwa so aus:

- Ich wäre nicht so, wenn nicht ...
- Wenn du das nicht zu mir gesagt hättest, dann ...
- Ich kann mich nicht ändern, weil ...

Manchmal gehen Menschen genau umgekehrt mit sich um und verurteilen sich gnadenlos. Das ist mein Fehler, denken sie, selbst wenn es offensichtlich nicht stimmt. Schuldzuweisungen sind vielen aber so in Fleisch und Blut übergegangen, dass sie bei aufkommenden Krisen viel mehr darauf bedacht sind, wem sie die Schuld zuschieben können, als über die Lösung der Krise nachzudenken.

## Isolation

Als Adam und Eva bemerkten, dass Gott im Garten spazieren ging, verbargen sie sich, statt mit ihm zu gehen (Genesis 3, 8-10). Sie sonderten sich lieber von Gott ab, statt sich von ihm trösten zu lassen.

Es scheint so, als ob die Menschheit sich selbst zur Einzelhaft verurteilt hätte. Um die „Liebkind"-Maske zu wahren, müssen wir vor anderen unsere unvollkommenen Gedanken und Gefühle verstecken. Doch diese selbstverursachte Isolation macht uns einsam.

## Handeln im Zorn

Als Kains Opfer weniger angenommen wurde als das seines Bruders Abel, wurde Kain zornig. Gott kannte seine Gefühle und beschwor ihn besonnen zu bleiben. Statt dessen handelte Kain aus seinem Zorn heraus und tötete seinen Bruder.

Der Erfolg anderer kann auf uns bedrohlich wirken und uns einreden, wir seien nie gut genug. Geben wir diesen Gedanken Raum, kann sich Ärger festsetzen, der bei unpassenden Gelegenheiten herausplatzt. Wir greifen dann vielleicht zu Lügen, um unseren Zorn zu kaschieren.

Als Kain gefragt wurde, wo Abel sei, log er glatt: „Ich weiß nicht; soll ich meines Bruders Hüter sein?" (Genesis 4, 9 nach Luther).

Wenn wir ungeübt darin sind, mit unserem Ärger angemessen umzugehen, werden wir vielleicht unmerklich unsere Familie, Berufskollegen oder Freunde so manipulieren, dass diese glauben, sie selbst hätten den Ärger verursacht. Oder wir verdrängen den Ärger sofort und zwingen uns freundlich zu sein. Letzteres gilt fälschlicherweise als Selbstkontrolle; doch der Zorn ist nicht abgekühlt, sondern nur getarnt.

# Wodurch wir diese Verhaltensweisen lernen

Kurz gesagt: durch unsere menschliche Natur mit ihrer Fehlerhaftigkeit und Neigung zur Sünde, durch unsere Kultur und in unserer Herkunftsfamilie. In der Praxis kann das so aussehen:

**Verdrängung.** Psychologische Seminare und Bücher empfehlen, wir sollten uns durchsetzen ohne Rücksicht auf andere und auf unsere innere Befindlichkeit.

**Schuldzuweisung.** In unserer Kultur gilt, ein Problem sei erst dann erledigt, wenn ein Sündenbock gefunden ist.

**Isolation.** Infolge der zunehmenden Mobilität verlieren viele Menschen ihre Wurzeln und vereinsamen. Beispiel: Statt mit den Nachbarn ein gutes Verhältnis aufzubauen, kennen wir sie oft nicht einmal.

**Handeln im Zorn.** Es herrscht die verbreitete Grundanschauung: Wie du mir, so ich dir. In unseren Herkunftsfamilien schlagen sich natürlich unsere menschliche Natur und unsere Kultur nieder. Daher können auch Eltern nur fehlerhaft sein, selbst wenn sie den Kindern ihr Bestes zu geben versuchen. Wenn Eltern eine verzerrte Gottesvorstellung haben, überträgt sich das auf die Kinder, für die es dann schwierig wird, eine gesunde Gottesbeziehung zu finden.

# Diesen Schädigungen entgegenwirken

Die genannten Einflüsse behindern unsere Entwicklung – auch wenn wir praktizierende Christen sind. Der Apostel Paulus drückt das so aus: „Wir wissen genau: In uns selbst, so wie wir von Natur aus sind, ist nichts Gutes zu finden. Wir bringen es zwar fertig, das Rechte zu wollen; aber wir sind zu schwach, es auch auszuführen" (Römer 7, 18).

Um diesen Schädigungen entgegenzuwirken, sollten wir die Ursachen prüfen. Wir bekennen, dass wir so geworden sind, bringen das vor Gott und geben ihm damit die Möglichkeit, uns umzuformen. So werden wir zu einer ganzheitlichen Persönlichkeit mit einer gesunden Beziehung zu dem liebenden Gott, der er ja ist.

## Vielleicht fragen Sie ...

- *Meinen Sie also, wir sollten unseren Eltern die Schuld für unsere Probleme geben?*
Nein. Wir arbeiten unsere Vergangenheit nicht mit diesem Ziel auf, sondern um unsere zerstörerischen Muster aufzudecken und von diesen frei zu werden.

- *Sollten wir nicht vergessen, was hinter uns liegt, und uns ausstrecken nach dem, was vor uns liegt im Sinne von Philipper 3, 13?*
Dieser Text hat mit unserem Thema gar nichts zu tun. Paulus spricht hier davon, dass er seine glanzvolle Vergangenheit als „Hebräer von reinster Abstammung" gering achtet gegenüber dem Gewinn, Jesus Christus als seinen Herrn zu kennen.

  Es ist ein Unterschied, ob wir nicht wahrhaben wollen, dass uns jemand verletzt hat, oder ob wir bewusst vergeben. Viele ziehen das Nicht-wahrhaben-Wollen vor. Um zu vergeben, müssen wir uns aber die Verletzung bewusst machen. Vergebung ist Teil des Heilungsprozesses.

- *Wann ist Zorn angemessen?*
Die Sünde liegt nicht im Zorn an sich, sondern in Verbitterung und in Handlungen, die aus unkontrolliertem Zorn hervorgehen. Den Unterschied sollten wir in Gottes Gegenwart prüfen. Ein berechtigter Anlass kann zum Beispiel Hartherzigkeit eines anderen sein (Markus 3, 5); ein unberechtigter unsere eigene Eifersucht (Genesis 4, 1-8).

  Nach dieser Klärung entscheiden wir, wie wir mit unserem Zorn umgehen. Es ist unangemessen, Menschen barsch anzufahren, insbesondere Unbeteiligte. Wir können aber lernen, mit Zorn angemessen umzugehen – siehe dazu Kapitel 15.

- *Ist Gott nicht mächtig genug, uns zu heilen, ohne dass wir in unserer Vergangenheit herumwühlen?*

Gott hat die Macht dazu. In einigen Fällen heilt er sofort. Doch in der Regel gibt er uns zunächst neue Einsichten und formt uns allmählich um. Letzteres ist gut für uns, weil wir dadurch Christus besser kennen lernen und Vergebung praktizieren.

## Zum persönlichen Nachdenken

Nehmen Sie sich einen Augenblick Zeit, um sich zu sammeln. Bitten Sie Gott, Ihnen zu zeigen, was Sie über sich selbst erkennen sollten. Beantworten Sie die nachstehenden Fragen so ehrlich wie möglich.

- Welche Themen wurden während ihrer Kindheit in Ihrer Familie vermieden?
- Wem in Ihrer Familie vertrauten Sie am meisten – wem am wenigsten?
- Mit welchen Gefühlen konnte Ihre Familie am schlechtesten umgehen?
- Sehen Sie sich einige Ihrer Kinderfotos an. Was für einen Gesichtsausdruck haben Sie dort? Was haben Sie damals wohl empfunden? Waren Sie ein glückliches Kind? Was taten Sie als Kind besonders gern?
- Mit wem könnten Sie über diese Antworten sprechen?

# Kapitel 5
## Verhaltensmuster,
## die unsere Entwicklung behindern

Unsere Welt ist leider nicht ideal – darunter leiden auch die Eltern-Kind-Beziehungen. Einen vorbildlichen Umgang mit Kindern sehen wir bei Jesus. Er ließ sie zu sich kommen und segnete sie (Markus 10, 13-16). Er wandte ihnen seine ganze Aufmerksamkeit zu, hörte ihnen zu und hatte Körperkontakt mit ihnen. Er verhinderte, dass seine Jünger sie wegschickten. Jesus demonstrierte, dass Kinder wertvolle Menschen sind und dass ihm seine Zeit für sie nicht zu schade war.

In unserem Kulturkreis dagegen wird unterstellt, dass es Kindern gut geht, wenn sie nicht geschlagen oder misshandelt werden oder hungern. Und doch geht es uns später als Erwachsenen tief innen nicht gut, denn wir hungern immer noch nach Anerkennung. Die Frage bleibt ungelöst: Was muss ich tun, um geliebt zu werden?

Der erste Schritt zum Heilwerden ist, unsere Herkunftsfamilie zu durchleuchten im Blick auf Verhaltensmuster des Verdrängens, der Schuldzuweisung, der Isolation und des Handelns im Zorn.

## Kindischer Tyrann

Es gibt Familien, in denen sich ein Mitglied aufführt wie ein kindischer Tyrann, und alle müssen sich seinen Wünschen unterwerfen. Selbst im Erwachsenenalter verhält sich der oder die Betreffende wie ein Kleinkind, das nur nach Befriedigung seiner Bedürfnisse verlangt. Erhält es das Gewünschte nicht (sei es Liebe, Zuwendung, Geld, Alkohol oder eine Arbeitsstelle), bringt es die ganze Familie durcheinander. Die anderen in der Familie stellen ihre eigenen Bedürfnisse zurück.

Diese Rolle kann sich über Generationen hinweg gebildet haben. Vielleicht spielte Großmutter „krank", wenn sie nicht bekam, was sie wollte. Oder Großvater forderte, dass jeder seinen Mund hielt, wenn es Spannungen in der Familie gab. Dieses tyrannische Verhalten kann sich auf die nächste Generation übertragen in Form von Arbeitssucht oder Familientyrannei.

Viele tyrannische Eltern sind Alkoholiker, obwohl die Kinder das nicht erkennen, weil Alkohol in unserer Gesellschaft weit verbreitet ist. Das Beispiel von Daniela in Kapitel 2 veranschaulicht dies. Alkoholmissbrauch kann mehrere Generationen in Mitleidenschaft ziehen. Danielas Vater – das Kind eines Alkoholikers – trank selbst nicht, übernahm aber von seinem Vater die Anlage des alkoholischen Tyrannen. Und das tat schließlich auch Daniela.

Tyrannische Eltern, die nicht trinken, reagieren ihre innere Unrast oft mit Süßigkeiten, Koffein oder Nikotin ab. Oder sie arbeiten zu viel, arbeiten übermäßig in der Kirche mit, werden kauf- oder spielsüchtig oder konsumieren Pornographie.

Andere reagieren mit Jähzorn. Erichs Eltern waren treue Kirchgänger, konnten aber auf der Fahrt zum Gottesdienst die Kinder anschreien und sie grundlos beschuldigen. Beim Einbiegen in den Kirchenparkplatz wurden sie jedoch ganz ruhig und grüßten beim Aussteigen die anderen lächelnd.

Von Tyrannei gekennzeichnete Situationen können auch durch Scheidung, Krankheit oder mentale Störungen entstehen. Das Familienleben dreht sich nur noch um den übriggebliebenen oder chronisch kranken Elternteil. Die Kinder erhalten nicht die Zuwendung, die sie brauchen, sondern sind gehalten, Zuwendung zu geben.


## Fürsorger

Der Gegenpol sind die „Fürsorger", die sich auf den Tyrannen einstellen, ja ihn sogar verwöhnen. Sie werden belohnt, indem sie als die „Lieben" gelten. Sie glätten die Dinge, verhandeln mit dem Tyrannen und versuchen alles zu vermeiden, was ihn reizen könnte.

Eine Ehefrau, die ein Fürsorger-Typ ist, denkt etwa so:

*„Ich liebe meinen Partner, aber ich komme mit ihm nicht zurecht. Er sorgt in unserer Familie für Aufruhr, also bin ich dafür verant-*

wortlich, alle zu beruhigen. Ich tue so, als würde es mir nichts ausmachen und helfe den Kindern, wenn sie durcheinander sind.

Bevor er nach Hause kommt, räumen wir schnell alles auf. Ist er da, verhalten wir uns ganz leise und vorsichtig. Ich versuche, die

*Kindischer Tyrann:*
*Ein Familienmitglied benimmt sich wie ein König*

*Kinder zu schützen, indem ich ihnen verbiete, Freunde mit nach Hause zu bringen. Für die Kinder könnte es zu peinlich sein, wenn Vater und ich uns streiten würden oder wenn er sie wegen unerledigter Hausarbeiten anschreien würde.*

*Manchmal frage ich mich, ob ich seine Ausbrüche verschulde. Wäre ich eine bessere Hausfrau oder eine bessere Liebhaberin, wären seine Bedürfnisse befriedigt. Manchmal ist er doch ein wunderbarer Mann, und dann bin ich froh, dass ich durchgehalten habe. Wenn es ihm gut geht, geht es uns gut. Wenn es ihm schlecht geht, geht es uns schlecht."*

Es ist aber auch möglich, dass die Fürsorge-Partner sich von dem Tyrannen nicht bestimmen lassen wollen und ihrerseits die Kinder tyrannisieren. „Hört sofort damit auf, oder ich mache euch fertig wie euer Vater", sagen sie zu ihren Kindern, auch wenn diese sich nur zanken wie alle Kinder.

Oft suchen die Fürsorge-Partner einen Ausweg für sich selbst. Sie betäuben sich mit Essen, Fernsehen oder Lesen von Liebesromanen. Letztlich werden sie abhängig von Stress und fühlen sich nur noch in chaotischen Umgebungen und Freundschaften wohl.

Durch unsere Fürsorglichkeit glauben wir, Personen oder Dinge in den Griff zu bekommen, wenn wir nur genug Energie darauf verwenden. Die Autorin Jan beobachtete das bei sich:

*Als wir mit Kindern aus der Nachbarschaft in ein Ferienlager fuhren, wählte ich die schwierigste Altersgruppe aus. Ich bemühte mich außerordentlich um ein ideenreiches, unterhaltsames Programm, aber zwei Jungen machten absolut nicht mit – egal, worum es ging. Ich musste sie täglich von der Gruppe trennen. Mir brach das Herz, weil ich mich intensiv bemühte, an sie heranzukommen.*

*Ich machte mir deswegen Vorwürfe. Doch dann sprach mich einer der Helfer, der diese Jungen gut kannte, an: „Merken Sie nicht, dass die beiden einfach nicht wissen, wie sie sich benehmen sollen? Es ist nicht Ihr Fehler. Die Woche hier wird nicht ausreichen, um an sie heranzukommen."*

*Das klang in meinen Ohren ketzerisch. Würde es nicht klappen, wenn ich nur intensiver betete und noch besser plante?*

*Ich kümmerte mich in dieser Woche so umfassend um die Kinder, dass ich mich nach Feierabend nicht mit den anderen Helfern entspannte. Am Donnerstagabend war ich ausgebrannt. Ich saß weinend draußen im Dunkeln und sah durch die Fenster, dass die anderen in angeregter Runde zusammensaßen. Warum war ich so hart gegen mich selbst?, fragte ich mich.*

*Es mussten erst weitere zehn Jahre vergehen, in denen ich mich überforderte, bis mir aufging, dass ich zu den „Fürsorgern" gehörte.*

Es kann schockierend für „Fürsorger" sein zu entdecken, dass sie sich als „kleine Messiasse" fühlen.

## Eltern, die aneinander vorbeileben

Alle Ehepaare bemühen sich um eine liebevolle Ehebeziehung. Doch wenn Eltern die Rolle des kindischen Tyrannen oder Fürsorgers übernehmen, wird es um so mühsamer. Sie ermutigen und fördern sich gegenseitig nicht. Wenn sie zusammen sind, streiten sie sich oder befinden sich im „kalten Krieg".

Als Ausgleich dafür benutzen sie andere zur Befriedigung ihrer Bedürfnisse. Die Mutter pflegt engen Kontakt mit ihrer Mutter oder Tochter statt mit ihrem Ehemann – und dieser wendet sich seiner Tochter oder Schwester oder Sekretärin zu. Kinder, die so von ihren Eltern benutzt werden, fühlen sich unangemessen wichtig, weil sie die Kluft in der elterlichen Beziehung überbrücken sollen. Das treibt die Eltern noch weiter auseinander. Hier ein typisches Beispiel:

*Lisa will einen Garten anlegen, aber ihr Mann Ralf ist davon nicht begeistert. Als ihr heranwachsender Sohn Johannes aus der Schule kommt, erzählt sie ihm, wie unkooperativ sein Vater wieder einmal war. Könnte Johannes ihr beim Setzen der mitgebrachten Tomatenpflanzen helfen?*

*Johannes überlegt und betrachtet den Basketball in seiner Hand. Er will eigentlich mit Freunden Basketball spielen. Er merkt aber, dass seine Mutter ihn braucht; außerdem gibt sie ihm immer Geld, wenn er sie darum bittet. Und sie verteidigt ihn immer gegenüber seinem Vater. Johannes lässt den Ball fallen und hilft seiner Mutter.*

*Als Ralf heimkommt, hält Lisa ihm vor, Johannes „musste mal wieder helfen". Ralf schaut nur zur Decke. Johannes fühlt sich schlecht, weil seine Mutter ihn auf diese Weise benutzt hat – doch er und sein Vater sind ohnehin meilenweit voneinander entfernt. Was macht es schon, wenn seinem Vater das nicht passt?*

*Johannes litt also unter beiden Eltern. Sein Vater ignorierte ihn, seine Mutter verließ sich auf seine Hilfe wie eine Ehefrau. Johannes spürte, dass er seiner Mutter Aufmerksamkeit schuldete, weil sie so sehr auf ihn einging. Da beide Eltern sich nicht um Johannes' Bedürfnisse kümmerten, erzog er sich in gewissem Sinne selbst.*

Diese unangemessenen Rollen nötigen Kinder auch, den Eltern als Puffer oder Vermittler zu dienen. Vielleicht sagt Ihr Vater Ihnen etwas, was Ihre Mutter wissen sollte, in der Erwartung, dass Sie es ihr wiedererzählen. Diese Art Kreiselkommunikation ergreift alle Familienglieder – und setzt sich im Erwachsenenalter fort. Mutter erzählt Ihnen jetzt, wie Ihre Schwester eine bessere Arbeitsstelle bekommen könnte. Sie erwartet, dass Sie das Ihrer Schwester weitersagen.

Auch wenn dies häufig geschieht, um die Gefühle anderer zu schonen, führt es zu Missverständnissen und unterdrückt echte Kommunikation.

Konstruktiv lässt sich zusammenfassen: „Das Beste, was ein Vater für seine Kinder tun kann, ist, ihre Mutter zu lieben." Die Eltern verständigen sich direkt; sie versuchen, gegenseitig ihre Bedürfnisse und gemeinsam die ihrer Kinder zu befriedigen.

Wenn die Kinder aus solchen Familien später heiraten, können sie dieses Rüstzeug erfolgreich einsetzen.

# Vielleicht fragen Sie ...

● *Die Bibel sagt in Galater 5, 13, dass wir einander dienen und nach Epheser 4, 32 freundlich und hilfsbereit zueinander sein sollen. Tut nicht genau das der fürsorgende Elternteil?*
Der „Fürsorger" dient nur äußerlich dem anderen; die Motive stimmen aber nicht. Dienst im Sinne Christi und mitfühlendes Handeln entspringen selbstloser Liebe, die das Wohl des anderen im Auge hat. Fürsorger dagegen sind darauf bedacht, den tyrannischen Partner zufrieden zu stellen, damit sie selbst mehr Ruhe haben. Auf einen kindischen Tyrannen einzugehen, hilft diesem nicht. Echte selbstlose Liebe geht das Risiko ein, den Tyrannen in Ruhe mit seinem Verhalten zu konfrontieren.

Außerdem räumt der Fürsorger dem Tyrannen einseitig Vorteile ein, so dass der Fürsorger überarbeitet, überstrapaziert und missbraucht wird. Ist es Gottes Wille, dass andere uns derartig ausbeuten? Paulus kritisiert deutlich: „Ihr duldet es, wenn einer euch unterdrückt, euch einwickelt und ausbeutet, euch verachtet und ins Gesicht schlägt" (2. Korinther 11, 20).

● *Man hört heute so viel von Beziehungsabhängigkeit. Was ist damit gemeint?*
Beziehungsabhängigkeit bedeutet, sich so um andere zu kümmern, dass deren Bedürfnisse wichtiger als meine eigenen werden. Es mag nach selbstlosem Dienst aussehen, aber sehr oft resultiert das aus der Überzeugung, dass ich Gott, mir selbst und anderen nicht wichtig genug bin, um eigene Bedürfnisse haben zu dürfen.

Ein Beispiel: Der Ehemann wünscht das Abendessen um genau sechs Uhr. Seine Frau müsste zum Arzt, kann für die Essensvorbereitung aber nicht rechtzeitig zurück sein. Also opfert sie ihr berechtigtes Anliegen – den Arztbesuch –, um das Verlangen ihres Mannes nach dem pünktlichen Essen zu befriedigen.

## Zum persönlichen Nachdenken

Nehmen Sie sich einen Augenblick Zeit, um sich zu sammeln. Bitten Sie Gott, Ihnen zu zeigen, was Sie über sich selbst erkennen sollten.

- Falls Sie eins der Kinder gewesen wären, die zu Jesus kamen: Was hätten Sie ihn gefragt?
- Falls in Ihrer Familie ein kindischer Tyrann war: Vor welcher Art seines/ihres Benehmens hatten Sie am meisten Angst?
- Wie reagieren Sie heute auf Menschen, die Sie an diese Person erinnern?
- Was könnten Sie tun, um herauszufinden, ob Ihre guten Taten einem Wunsch nach selbstloser Hingabe oder einer Rolle als Fürsorger – damit Sie Ihre Ruhe haben und sich gut fühlen – entspringen?
- Falls Sie „Fürsorger" für einen Elternteil waren: Was glauben Sie, wie das Ihr Verhalten heute beeinflusst?
- Sprechen Sie mit einem Menschen Ihres Vertrauens über eine oder zwei der obigen Fragen. Wenn Sie keine Vertrauensperson haben, bitten Sie Gott darum. Oder suchen Sie eine Gruppe, in der über solche Dinge offen gesprochen werden kann.

# Kapitel 6
## Hinter den Kulissen

Wir alle kennen so genannte „perfekte" Familien, die scheinbar keinerlei Probleme haben. Doch wenn wir die Familien der alttestamentlichen Glaubensväter mit ihren Konflikten betrachten (Abraham und Isaak boten ihre Ehefrauen sogar ägyptischen Herrschern an!), können wir davon ausgehen, dass Probleme auch in den besten Familien vorkommen. Hier einige Beispiele:

## Widersprüche in Erziehung und Liebeszuwendung

Wenn Eltern den Kopf mit anderen Dingen voll haben, mögen die Kinder zwei Tage hintereinander dieselben Regeln verletzen – am ersten Tag folgt Strafe, am zweiten geschieht nichts. Die Kinder wissen nie, wie ihre Eltern reagieren werden. Also testen sie gleich beim Betreten ihrer Wohnung das Spannungsbarometer. Toni berichtet:

*Meine Mutter stand unter großem Stress, aber ich merkte es nicht. Wie alle Neunjährigen konnte ich einem süßen Kuchenteig nicht widerstehen. Schnell fuhr ich mit dem Zeigefinger in die Schüssel, während meine Mutter etwas aus dem Kühlschrank nahm. Doch durch eine schnelle Drehung bekam sie das mit und schrie mich an: „Wie oft muss ich dir noch sagen, dass du das nicht tun sollst!" Dann riss sie mich heftig an den Haaren.*

*Ich war total fertig und floh in mein Zimmer. Mir war klar: eine derartig harte Strafe hatte ich nicht verdient!*

*Eine Stunde später kam mein Vater zu mir und sagte: „Du musst verstehen, dass Mutter voll im Stress ist. Sei nicht garstig zu ihr. Bringe sie nicht auf hundert!"*

*Selbst als Kind war mir klar, dass mein Vater sie nicht hätte in Schutz nehmen dürfen. Und er durfte nicht mir die Verantwortung*

*für ihr Verhalten zuschieben. Meine Mutter hätte sich bei mir ent-*
*schuldigen müssen. Doch was konnte ich machen? Meine Eltern*
*waren einfach übermächtig.*

*Manchmal konnten meine Eltern auch nett sein, aber ich wusste*
*nie, was meine Mutter im nächsten Augenblick auf die Palme brin-*
*gen würde.*

In unserem Kulturkreis hängt die Liebeszuwendung davon ab, wie
man sich fühlt. Wenn es den Eltern gut geht oder sie stolz auf ihre
Kinder sind, zeigen sie den Kindern ihre Liebe. Geht es den Eltern
aber schlecht oder die Kinder sind ungehorsam, ist Liebesentzug
angesagt. In einer solchen Familie fühlen sich die Kinder schutzlos
und unsicher.

Selbst in intakten Familien sind die Eltern nicht fehlerfrei. Doch
wo die Eltern sich bemühen, gute Eltern zu sein, wissen die Kinder, dass falsches Verhalten Strafe zur Folge hat. Aber sie können
sich darauf verlassen, dass ihre Eltern fair sein werden. Die Eltern
akzeptieren, dass die Kinder Fehler machen, vermitteln ihnen aber,
dass sie sie trotz ihrer Fehler lieb haben.

## Unangemessene Gefühlsäußerungen

Es gibt Eltern, die ihre Gefühle überzogen äußern. Entweder sie
loben übertrieben (z. B. sind sie überzogen begeistert, wenn ein
Nachbarkind ihnen die Zeitung herein reicht) oder sie kritisieren
maßlos (sie nerven die ganze Familie tagelang, weil ein Werkzeug
im Regen liegen geblieben war).

Das überträgt sich auf das Verhältnis der Kinder zu Gott. Sie
stellen sich vor, er zeige die gleichen extremen Gefühlsausschläge.

Unvorhergesehene Gefühlsausbrüche ängstigen alle Familienmitglieder einschließlich den Verursacher. Daher entwickeln sie
ein äußerlich ruhiges Verhalten. Wenn jemand wagt, tiefere
Gefühle zu äußern, wird das heruntergespielt: „Du brauchst nicht
so unglücklich zu sein. Es ist doch nichts!"

Kinder müssen aber ihre Gefühle ausdrücken können, insbesondere Angstgefühle. Anderenfalls flüchten sie in den Konsum von

Nascheheien, Fernsehen oder Drogen. „Hoffnung, die sich verzögert, ängstet das Herz" (Sprüche 13, 12 nach Luther). So entstehen bei dem erwachsen gewordenen Kind Hoffnungslosigkeit und Depressionen, ohne dass die Ursachen bekannt sind.

## Grenzverletzungen

Manchmal dominieren die Eltern den Lebensraum ihrer Kinder. Sie mischen sich in alles und jedes ein und können die Kinder später nicht loslassen. Ruth musste dies am eigenen Leibe erleben und kämpft noch heute als Erwachsene um ihre Selbständigkeit. Sie berichtet:

*Ich habe meiner Mutter gesagt, sie solle mir mehr Freiheit lassen. Sie ruft mich ständig an und erteilt mir Ratschläge: welche Arbeitsstelle ich annehmen oder welches Sofa ich kaufen soll. Was ich nicht begreife, ist, dass ich sie manchmal selbst um Rat frage. Und wenn ich's nicht tue, dann frage ich mich, was meine Mutter mir wohl raten würde.*

*Ich verlasse mich zu sehr auf meine Eltern. Letztes Jahr hatte ich einen Autounfall und mein Wagen wurde zur nächsten Tankstelle abgeschleppt. Ich habe meinen Eltern nichts davon erzählt, weil ich von ihnen unabhängig sein wollte. Aber die Versicherungsgesellschaft habe ich auch nicht verständigt, weil ich nicht wusste, wie das geht – meine Eltern hatten so etwas ja immer für mich erledigt. Außerdem hatten sie mir das Geld für die Anzahlung des Wagens gegeben (und ihn natürlich auch für mich ausgesucht). Was würden sie nun zu dem Unfall sagen?*

*Schließlich haben sie mitbekommen, dass ich immer mit dem Bus fuhr, und mich nach dem Auto gefragt. Mein Vater verständigte die Versicherungsgesellschaft und kümmerte sich um den Wagen. Leider muss ich zugeben, dass ich darüber erleichtert war. Es macht mir Angst, dass ich unbewusst nichts getan habe, weil ich wusste, dass meine Eltern mich aus dem Schlamassel rausholen würden, wenn ich nur lange genug wartete.*

Für diese Grenzverletzungen gibt es verschiedene Gründe. Es gibt Eltern, die mit ihrem eigenen Leben nichts anfangen können und deshalb versuchen, durch ihre Kinder zu leben.

Leider gibt es auch Grenzüberschreitungen durch körperlichen oder sexuellen Missbrauch. Kinder, die dies erleiden, glauben nach einiger Zeit, es sei normal, Opfer zu sein. Sie erwarten daher, von anderen schlecht behandelt zu werden – und erfahren dies dann auch z. B. von Mitschülern und Lehrern.

Solche missbrauchten Kinder haben als Erwachsene oft Schwierigkeiten und überlassen anderen, Entscheidungen für sie zu treffen und Freunde für sie auszusuchen. Sie können nicht selbstverantwortlich und unabhängig sein und schließen sich oft autoritären Glaubensgemeinschaften an, die den Mitgliedern strikt vorschreiben, wie sie sich zu verhalten haben.

Andere dieser Kinder bauen als Erwachsene einen granitenen Schutzwall um sich herum. Sie wollen um jeden Preis verhindern, dass ihre persönlichen Grenzen wieder verletzt werden. So verhindern sie aber auch, dass sie Hilfe und Fürsorge von anderen erfahren.


## Mangelnde Kommunikation

„Darüber wurde in unserer Familie nie gesprochen" ist eine Standardaussage bei Gesprächen über Sex, Geld oder die Krankheit, an der Opa gestorben ist. Wenn Kinder danach fragen, wird ihnen gesagt, das brauchten sie nicht zu wissen. Die Kinder finden ihre Mutter weinend im Schlafzimmer, aber sie sagt ihnen, alles sei in Ordnung. Ein Verwandter ist vielleicht in einer psychiatrischen Klinik oder ein Geschwisterchen ist bei der Geburt gestorben – die Kinder erfahren nichts davon. Eltern versuchen oft, ihre Kinder zu schützen. Doch das führt zur Verdrängung, denn Kinder bekommen die verborgene Traurigkeit ihrer Eltern sehr wohl mit und meinen dann, sie seien schuld daran.

Das Vermeiden so vieler Themen hat auch zur Folge, dass die Gespräche viele geheime Andeutungen und einen verborgenen Sinn enthalten. Die Äußerungen kommen oft aggressiv oder passiv, aber nicht angemessen. Beispiel:

*Aggressiv:* Sie schreien Ihre Wünsche und Bedürfnisse heraus.

*Passiv:* Sie sagen nichts über Ihre Wünsche und Bedürfnisse.

*Angemessen:* Sie drücken Ihre Wünsche und Bedürfnisse in einer ruhigen, direkten Art aus.

Der Gesprächsaustausch sollte offen und ehrlich sein. So lernen Kinder, dass sie, wenn sie an anderen etwas auszusetzen haben, dies ohne Zornesausbruch zur Sprache bringen können. Sie können in Ruhe Fragen stellen und Beobachtungen äußern. Sie erleben, dass die Eltern Fehler zugeben, auch wenn sie sich dadurch verletzlich machen. Das hilft den Kindern, mit eigenen Fehlern besser klarzukommen.

## Geschlossenes System

In Familien mit „offenem System" bauen Kinder leicht Beziehungen zu anderen Menschen auf. Sie laden andere Kinder zum Spielen zu sich nach Hause ein und haben auch Erwachsene zu Freunden wie zum Beispiel Kinder- und Jugendgruppenleiter. Ihre Eltern haben nichts zu verbergen, sind offen nach allen Seiten und tauschen positive Gedanken und Informationen mit anderen aus.

Familien mit einem „geschlossenen System" wehren neue Informationen und Gedanken ab. Die Kinder lernen, niemandem außerhalb der Familie – insbesondere Erwachsenen – nahe zu kommen. Die Eltern bleiben in ihren alten Überzeugungen stecken und lehnen Bücher oder Selbsthilfegruppen zu Erziehungsfragen entschieden ab. Solche Familien lassen auch keine Informationen nach außen dringen. Sie hüten Familiengeheimnisse, zum Beispiel wie schlimm es zu Hause zugeht oder wie ausfallend die Eltern sich verhalten.

## Spannungen

Wo tyrannische Eltern in ihren eigenen Spannungen gefangen sind, ist der Grundstein für eine schlechte Entwicklung des Kindes von klein auf gelegt. Das fängt zum Beispiel schon damit an, dass eine Mutter, die extrem unter Druck steht, beim Windelwechseln grob mit dem Baby umgeht. So überträgt sich die Spannung bereits auf das kleine Baby. Und diese Spannung beraubt die Kinder später ihrer kindlichen Antriebe wie Abenteuerlust und Spiellaune. Sie werden vorzeitig zu kleinen Erwachsenen verbildet. Ein Weg, mit dieser Spannung umzugehen, besteht darin, sich als „Liebkind" zu geben.

Im Erwachsenenalter sind sie nervlich sehr angespannt. Sie tun alles, um anderen zu gefallen und perfekt zu erscheinen. Sie versuchen, so zu handeln, wie sie denken, dass es Erwachsenen angemessen ist, aber ihre Gefühle kommen dabei zu kurz – und sie verlieren dadurch viel Lebensenergie.

## Schwaches Selbstwertgefühl

Manchmal sind Kinder verbittert darüber, dass ihre Eltern sie nicht anerkannten und sie nie das Gefühl haben können, etwas geleistet zu haben. So sagt zum Beispiel eine Mutter zu ihrem Kind, das in der Schule ausgezeichnet wurde: „Bilde dir darauf bloß nichts ein! Ist das klar?"

Manche Eltern setzen ihre Kinder herab oder kritisieren sie, weil sie meinen, das würde die Kinder zu größerer Leistung anspornen. Sie erkennen nicht, dass so kleine Worte der Ermutigung wie „Gut gemacht!" wichtige Bausteine für das Gefühl sind, etwas geleistet zu haben. Ohne solche Bausteine werden Kinder zu Erwachsenen ohne die Zuversicht, Ziele erreichen zu können.

Andere Kinder haben Minderwertigkeitsgefühle, weil ihre Eltern gar nichts sagen – weil diese mit eigenen Problemen beschäftigt sind oder sich als Eltern unsicher fühlen. Sie wissen nicht, wann und ob es richtig ist, ihr Kind in den Arm zu nehmen oder es zu strafen. Darum tun sie gar nichts.

Andere Eltern bauen keine Beziehung zu ihren Kindern auf, weil andere Dinge wichtiger sind. So müssen sich die Kinder im wesentlichen selbst erziehen.

Wenn die Laune der Eltern stark schwankt, schwankt auch der

Leistungsantrieb des Kindes. Sabine erinnert sich, dass ihre Kindheit und ihr Selbstwertgefühl von unzähligen Hochs und Tiefs geprägt waren:

*Wenn mein Vater Arbeit hatte und meine Mutter guter Dinge war, fiel es mir leicht, Ansprachen in der Schule zu halten oder mich am Freizeitsport zu beteiligen. Ich war voller Selbstvertrauen und strengte mich an. Aber wenn mein Vater aggressiv war und meine Mutter viel weinte, änderte sich das. Ich rief meine Freundinnen nicht mehr an und vernachlässigte die Hausaufgaben. Ich suchte Gründe, um das Haus zu verlassen. Oft schwang ich mich dann aufs Fahrrad und fuhr einfach los. Der Wind blies mir ins Gesicht und trocknete meine Tränen.*

*Meistens fühlte ich mich wie zwei Personen in einer. Zeitweise war ich offen und sorgenfrei; zu anderen Zeiten war ich verängstigt und müde. Ich wünschte mir, erwachsen zu sein und weggehen zu können.*

*Als ich aufs College kam, hatte ich zunächst Angst. Doch dann begann ich, mit Menschen zu reden und Beziehungen aufzubauen. Wenn meine Dozenten mich tadeln mussten – was selten vorkam –, taten sie das ohne Schärfe. Zum ersten Mal in meinem Leben konnte ich aufatmen und wirklich leben.*

Damit soll nicht gesagt sein, dass der Selbstwert eines Christen auf eigener Leistung beruht. Unser Selbstwert beruht auf Gottes unveränderlicher Liebe zu uns. Die Antwort auf die Kernfrage: Was muss ich tun, um geliebt zu werden? lautet: Nichts! Wir werden ohne Vorleistung von Gott geliebt. Doch wie machen wir das Kindern klar? Wenn sie von liebevollen Erwachsenen umgeben sind, fällt es Kindern leichter, Gottes Liebe anzunehmen.

## Verzögerte Entwicklung

Das Aufwachsen in einer gestörten Familie kann das Gefühlsleben und die geistige und soziale Entwicklung beeinflussen. Beispielsweise sind Kinder aus Alkoholikerfamilien in ihren Stimmungen, ihrem Anpassungsverhalten, ihren Führungsfähigkeiten und ihrer Gefühlsstabilität mehr beeinträchtigt als andere.

Kinder werden durch Stress daran gehindert, ihre geistigen Fähigkeiten voll zu entfalten. Kinder können sich nicht konzentrieren, wenn ihre Eltern sich streiten. Sie unterbrechen ihre Hausaufgaben und hören zu. Worüber streiten sie sich dieses Mal? fragen sie sich. Wollen sie sich scheiden lassen? Wenn ja, bleibe ich dann bei Mama oder Papa? Dadurch sind sie so stark abgelenkt, dass für die so wichtigen mathematischen Gleichungen keine Konzentration mehr möglich ist.

Stress beeinflusst auch die gesamte Persönlichkeitsentwicklung eines Kindes. Der Psychoanalytiker Erik Erikson beobachtete die Eigenheit von Kindern, während bestimmter Lebensabschnitte spezielle Entwicklungsaufgaben zu lösen.

Wenn sie ein Trauma erleben, bleiben diese Aufgaben teilweise ungelöst – zum Beispiel die Entwicklung von

- Vertrauen (in die Aufrichtigkeit und den guten Willen anderer)
- Selbständigkeit
- Antriebskraft (Initiativen ergreifen)
- Tatkraft (ausdauernd arbeiten, Aufgaben zu Ende bringen)
- Identität (Übereinstimmung mit sich selbst).

Diese Entwicklungsaufgaben wirken sich auch auf unser geistliches Leben aus. Wie können wir eine Beziehung zu Gott entwickeln, wenn wir Menschen misstrauen? Wie können wir Gruppendruck widerstehen, wenn unser Wille zur Selbständigkeit schwach ist? Wie können wir mit einem Freund über Gott reden, wenn wir keine Antriebskraft haben?

Gott will, dass wir uns diesen Entwicklungsaufgaben stellen, weil sie sich auswirken auf unsere Reaktionen auf ihn und auf andere. So ging es Karin:

*Karin hat Schwierigkeiten in ihrer Ehe. Sie möchte ihrem Mann vertrauen, aber er merkt, dass sie dies nur begrenzt tut und seine Beweggründe ständig infrage stellt. Als Karin dies mit ihrem Seelsorger bespricht, fragt er sie nach ihrer Kindheit. Karin erinnert sich, dass ihre Eltern geschieden wurden, als sie noch ein Kleinkind war. Sie befragt ihre Mutter und erfährt, dass ihre Eltern sich*

*vor der Scheidung oft und heftig gestritten haben. Und wenn sie
sich nicht stritten, dann straften sie sich mit Schweigen.*

*Davon war auch Karin betroffen. Ihr Seelsorger meint, dies kön-
ne einer der Gründe sein, dass Karin Menschen nicht richtig vertrauen kann. Auch als Heranwachsende machte sie Erfahrungen,
die sie lehrten, niemandem zu vertrauen. Nun als Erwachsene
möchte sie eine gute Ehe führen – wozu Vertrauen unbedingt
gehört. Aber dies fällt ihr schwer, weil sie nie gelernt hat, einem
Menschen vorbehaltlos zu vertrauen.*

Bei diesem Beispiel geht es nicht darum, Eltern die Schuld zu
geben, sondern zu erkennen, wo es Bereiche in unserem Leben
gibt, die mit Gottes Hilfe heilen sollen.

## Vielleicht fragen Sie ...

- *Wenn ich ganz anders bin als meine tyrannischen Eltern, habe
  ich mit allem Vorgenannten nichts zu tun, stimmt's?*
  Wir versuchen in der Regel, das Gegenteil unserer tyrannischen
  Eltern zu sein. Wir zeigen nach außen zwar nicht das gleiche
  Verhalten (z. B. aufbrausendes Temperament, fordernder Ton) –
  dennoch haben wir die gleichen inneren Strebungen, Traurigkeit
  und Zorn, die wir aber sorgfältig hinter äußerlicher Ruhe verbergen. Oder wir reagieren weich und nachgiebig statt kritisch
  und selbstbewusst aufzutreten.
- *Manchmal bringen mich meine Kinder auf die Palme. Bedeutet
  das, dass ich ein Problem habe?*
  Mit den Kindern gute oder schlechte Tage zu haben, ist normal.
  Niemand ist perfekt. Entscheidend ist die Häufigkeit und
  Schwere des Ärgers. Gehören Sie zu den Eltern, die angekün-
  digte Konsequenzen auch durchsetzen statt nur den Zorn abzureagieren? Wenn Eltern aber im Zorn handeln und diesen Fehler
  eingestehen, zeigen sie ihren Kindern, wie man mit Fehlern
  umgeht – und gewinnen deren Respekt.
- *Meine Eltern haben mich nie gelobt oder ermutigt. Wie kann
  sich das heute bei mir auswirken?*

Kinder entfalten ihre Gaben, wenn sie gelobt und bei Fehlern nicht lächerlich gemacht werden. Wir neigen dazu, Kinder bei Fehlern zu tadeln. Als Eltern können wir aber Gottes Liebe wiedergeben, wenn wir die Kinder ermutigen, ob sie nun Erfolg hatten oder Fehler machten. So lernen sie, dass es auf das Bemühen ankommt und nicht auf gewinnen oder verlieren.

Fehlendes Lob in der Kindheit wirkt sich auf uns als Erwachsene aus, weil wir uns zu hart beurteilen. Wir werden zu Perfektionisten. Stattdessen brauchen wir Beziehungen, in denen wir akzeptiert sind und wo wir Fehler machen können ohne verurteilt zu werden.

- *Was kann ich tun, wenn ich mich an keine Einzelheiten aus meiner Kindheit erinnern kann?*

Eine Möglichkeit ist, Kindern beim Spielen zuzuschauen. Auf einem Kinderspielplatz können Sie beobachten, wie einfach, lernfähig und vertrauensvoll Kinder sein können. Fragen Sie sich: Was ist meine erste positive Erinnerung? Die erste negative? Hatte ich ein Haustier? An welche Geräusche erinnere ich mich?

Das sollten Sie nicht allein tun. Zeigen Sie anderen Ihre Kindheitsfotos und erzählen Sie aus Ihrer Kindheit. (War diese besonders schmerzlich, brauchen Sie zur Aufarbeitung der hierbei aufsteigenden Ängste vielleicht einen Therapeuten.) Das Kind auf dem Foto hegte große Hoffnungen und besaß wunderbare Begabungen – die jedoch unterdrückt wurden. Da Gott Sie geschaffen hat, kann er Ihnen bei der Wiederherstellung helfen.


## Zum persönlichen Nachdenken

Nehmen Sie sich einen Augenblick Zeit, um sich zu sammeln. Bitten Sie Gott, Ihnen zu zeigen, was Sie über sich selbst erkennen sollten.

- Neigen Sie eher zu einem passiven, einem aggressiven oder einem selbstbewussten Verhalten? Vielleicht verhalten Sie sich je nach Situation verschieden.

- Stellen Sie sich eine Situation vor, in der Sie selbstbewusster sein möchten und in der Sie Ihre Wünsche und Bedürfnisse ruhig und sachlich äußern.
- Haben Sie manchmal das Gefühl, Gott sei launenhaft? Inwieweit hängt Ihre Antwort mit Ihrem Leben und Ihrer Herkunftsfamilie zusammen?
- Welche Erwachsenen außerhalb Ihrer Familie haben Sie am meisten beeinflusst – zum Guten oder zum Schlechten? Inwieweit förderten oder behinderten diese das Wachsen von Vertrauen, Selbständigkeit, Tatkraft und Identität?
- Bei welchen Menschen fühlen Sie sich am wohlsten? Warum? Könnte das mit Ihrer Kindheit zusammenhängen?
- Betrachten Sie einige Ihrer Kinderfotos: Sehen Sie darin wunderbare Begabungen, die Gott in Sie hineingelegt hat – die aber unterdrückt wurden? Bitten Sie Gott, Ihnen die Seiten zu zeigen, die Sie lange Zeit nicht an sich wahrgenommen haben.

# Kapitel 7
## Rollen aus der Kindheit

Die Schmidts sind eine Säule in ihrer Gemeinde. Sie besuchen jeden Gottesdienst und sind jederzeit bereit, anderen zu helfen. Vater, ein tüchtiger Postbote, arbeitet im Gemeindevorstand mit. Mutter, eine stattliche Erscheinung, ist Lehrerin und leitet die jährliche Ferienbibelschule.

Obwohl sie das gleiche gemeindliche Ziel verfolgen, haben sie ein kühles Verhältnis zueinander. Mutter kritisiert gern Entscheidungen des Kirchenvorstandes und erklärt Vater, wie er diese ändern sollte. „Ich möchte keine Unruhe stiften", entgegnet er – und tut es dann doch im Kirchenvorstand, damit seine Frau ihn in Ruhe lässt.

Ihr ältestes Kind, Melissa, eifert dem Beispiel ihrer Mutter nach. Sie putzt jeden Samstag das ganze Haus und wurde mit zwölf Jahren Mitarbeiterin im Kindergottesdienst. Sie erbringt hervorragende Leistungen in der Schule und arbeitet mit in der Schülermitverwaltung. Und sie sorgt zu Hause für Ordnung, wenn die Eltern abends zu Gemeindeveranstaltungen gehen.

David, der Zweitälteste, geht nicht gern zur Schule. Er mag auch Melissa nicht und hält ihr vor, sie verhalte sich wie eine alte Tante. Er macht Witze über die Konflikte zwischen seinen Eltern, die diese vermeintlich im Geheimen, hinter der verschlossenen Tür des elterlichen Schlafzimmers austragen. Dass sein Vater seiner Mutter blind gehorcht, widert ihn an. Vor ein paar Jahren legten sich Davids Freunde einheitliche Markenkleidung und feststehende Messer zu. David tat das auch und fühlte sich dadurch ein Stück erwachsen. Die daraus resultierenden Konfrontationen mit seinen Eltern genießt er und sagt sich: „Wenigstens legen sie dann ihre christlichen Masken ab!"

Christine, die zweitälteste Tochter, bekommt auch die Streitigkeiten hinter der verschlossenen Tür mit, doch sie hält sich heraus. Jeder sagt, Christine sei ein schüchternes und nettes Mädchen, aber sie hat kaum Freundinnen. Sie lädt diese nicht zu sich ein, weil ihre Mutter zu beherrschend ist. Sie verbringt viel Zeit in ihrem Zimmer und zeichnet. Einmal wünschte sie sich einen Hund, aber Mutter lehnte das ab, weil Hunde nur Krach und Unordnung machen würden. Stattdessen schenkte der Vater ihr einen Wellensittich.

Gerd, der Jüngste, beobachtet, wie sich Mutter, Vater und David gegenseitig verletzen und tut alles, um die Situation zu verbessern. Oft verteidigt er seinen Vater. Als dieser einmal von Scheidung sprach, verbrachte er einen ganzen Abend damit, ihm das auszureden. Er fährt gern ohne die anderen mit seinem Vater im Auto, weil sie sich dann besser unterhalten können.

Kinder entwickeln Methoden, um die Aufmerksamkeit ihrer Eltern zu gewinnen oder zumindest negative Aufmerksamkeit zu vermeiden. Dabei nehmen sie Rollen an, die ihre eigene, sich noch entwickelnde Persönlichkeit ständig überfordern. Das gehört jedoch zu ihrer Überlebensstrategie.

## Das verantwortliche Kind

*Mitten im Chaos rackere ich mich ab, damit die anderen mich mögen.*

Auch in einer normalen Familie übernimmt das älteste Kind viel Verantwortung. Aber in einer Familie mit Verleugnung von Tatsachen, Schuldzuweisungen, Isolation und Wutausbrüchen übersteigert sich das. Das „verantwortliche Kind" – auch Familienheld genannt – kümmert sich wie Melissa um die jüngeren Geschwister, manchmal sogar um die Eltern. Es kommt vor, dass schon ein Zehnjähriger den betrunkenen Vater ins Bett bringt, für die gesamte Familie Essen kocht, die Wäsche wäscht und sogar noch dem Lehrer nach dem Unterricht zur Hand geht.

Eltern sind stolz auf so ein „Vorzeigekind", das schon so reif ist. Wird aber zum Beispiel den Schmidts empfohlen, fachlichen Rat zu suchen, wenden sie ein: „Wie können Sie nur sagen, dass unsere Familie Probleme hat? Schauen Sie sich doch Melissa an. Sie ist sehr gut in der Schule, sie übernimmt Führungsaufgaben und bringt sich in der Gemeinde ein. In einer Problemfamilie wäre das doch gar nicht möglich!"

Im Erwachsenenalter möchten solche Kinder möglicherweise keine eigene Familie haben. Sonja, das „verantwortliche Kind" in einer Alkoholikerfamilie, war Mutterersatz für zwei jüngere Schwestern (beide wurden als Teenager schwanger) und einen Bruder, der Selbstmord beging. Vor ihrer Heirat warnte sie ihren Verlobten: „Ich will keine Kinder haben. Ich habe schon früher Kinder großgezogen, aber aus ihnen ist nichts geworden."

Am Arbeitsplatz sind „verantwortliche Kinder" zwar erfolgreich, fühlen sich aber unsicher. Dadurch werden sie hart und perfektionistisch ohne zu merken, warum das so ist. Jemand muss doch den ganzen Laden schmeißen, denken sie. Also tue ich es. Tragischerweise müssen sie sich ständig selbst bestätigen und leben so am Leben vorbei.

## Der Sündenbock/Blitzableiter

*Mitten im Chaos werde ich zum Problemfall, so dass die anderen auf mich aufmerksam werden.*

Manche Kinder benehmen sich auffällig und bringen so die verborgenen Familienprobleme ans Licht. Sie sind auch oft der Anlass, dass die Familie in die Beratung geht. Da bei Schmidts der Sohn David als das Problem angesehen wird, versteht die Familie nicht, dass sie selbst ein Problem hat. Daher der Begriff „Sündenbock". Fragt der Berater die Schmidts, wie ein typischer Abend zu Hause verläuft, platzt David gleich damit heraus, dass niemand sagen darf, was er denkt oder fühlt. Kein Wunder, dass dieses Kind als das schwarze Schaf der Familie gilt.

Die Familie nimmt nicht wahr, dass solche Kinder deshalb weglaufen, magersüchtig oder schwanger werden oder einen Autounfall bauen, weil sie von ihren Eltern anerkannt und geliebt werden wollen.

Als Erwachsene können diese Kinder keine dauerhaften Beziehungen eingehen, sondern flattern wie ein Schmetterling von Blume zu Blume. Sie sind schnell frustriert, was sich selbstzerstörerisch auswirkt. Sie sind mehr alkohol- und drogengefährdet als andere Kinder. Dennoch haben sie gute Chancen, ihre Vergangenheit aufzuarbeiten, weil sie die Verleugnungshaltung der Familie nicht mitgemacht haben. Sie können ihre Probleme beim Namen nennen und gezielt Hilfe suchen.

## Das überangepasste, vergessene Kind

*Mitten im Chaos gehe ich zu den anderen auf Abstand, damit sie mir nichts tun können.*

Manche Kinder werden schon früh im Leben so oft verletzt, dass sie sich ganz in sich zurückziehen. Sie unterdrücken jegliche Erwartungen, weil sie gelernt haben, dass ihre Bedürfnisse nie befriedigt werden. Da kann ich es gleich bleiben lassen, ist ihr Motto.

Überangepasste Kinder gehen zu ihrer Familie auf Abstand und werden dadurch zu „vergessenen Kindern". Bei den Schmidts gewinnt Christine diesen Abstand, indem sie auf ihr Zimmer geht und mit ihrem Wellensittich spielt. Sie kann auch sehr gut zeichnen. Dieses Hobby ist für sie ein Zufluchtsort. Sie geht selbst im Beisein der anderen auf Abstand, indem sie fernsieht und die

*Wenn wir unsere früheren und heutigen Rollen entdecken,
verstehen wir unsere heutigen Verhaltensweisen
anderen gegenüber besser*

unterschwelligen Spannungen um sie herum überhört. Für die anderen ist sie praktisch unsichtbar.

Später als Erwachsene ist es für sie schwierig, sich im Zusammenleben mit anderen sicher zu fühlen und mitzumischen.

Die Betroffenen wählen unbewusst oft einen Ehepartner, der als Spiegelbild ihrer Herkunftsfamilie ihr Leben in dauernder Unruhe hält. Wird eine Situation zu schlimm, tun sie, was sie immer getan haben: sie gehen auf Abstand. Das kann bedeuten: sie wechseln von einer Ehe zur anderen, von einer Gemeinde zur anderen oder von einer Arbeitsstelle zur anderen.

## Der Friedensstifter

*Mitten im Chaos sorge ich dafür, dass es den anderen besser geht, damit sie mich mögen.*

„Friedensstifter" handeln als Tröster, Schiedsrichter und sogar Ratgeber für die Familie. Sie sind übersensibel für die Befindlichkeit der anderen und gute Menschenkenner. Sie versuchen, Probleme so wie Gerd zu lösen. Wenn Mutter sich über Vater aufregt, hört sich Gerd zunächst geduldig ihre Klagen an und verteidigt dann seinen Vater. Seine Rolle ist so eingefahren, dass die übrigen Familienmitglieder mit ihren Problemen zu ihm kommen.

Manche „Friedensstifter" lösen familiäre Spannungen durch Späße und Albereien. Sie werden daher auch als „Familienclown" bezeichnet. Steigen die Spannungen bei den Schmidts stark an, unterhält Gerd seine Mutter und seine Schwestern damit, den Küchenabfall wie ein Komiker hinauszuschaffen. Geht David hoch, lenkt Gerd die Familie mit einer lustigen Geschichte aus der Schule ab.

Als Erwachsene werden „Friedensstifter" oft zu „Fürsorgern" (wie in Kapitel 5 beschrieben). Sie lassen sich von anderen voll in Anspruch nehmen und opfern sich auf bis zur Selbstaufgabe. Andere Menschen vereinnahmen den Friedensstifter so sehr, dass sie ihm sogar die Schuld für eigenes Versagen zuschieben. Der „Friedensstifter" nimmt die Schuldzuweisung an, weil er glaubt, das sei sein Schicksal. Wenn in einer Beziehung der Partner ihn auffordert, seine Wünsche zu äußern, irritiert ihn das. Das kann sogar zum Beziehungsabbruch führen.

## Die eigene Persönlichkeit entdecken

Wenn wir unsere früheren und heutigen Rollen entdecken, verstehen wir unsere heutigen Verhaltensweisen anderen gegenüber besser.

**Finden Sie heraus, welche Rolle(n) Sie gespielt haben.** Vielleicht bemerken Sie, dass Sie eine Rolle bevorzugt spielen und eine andere in zweiter Linie. Manche Kinder übernehmen von jeder Rolle etwas oder spielen zwei gleichzeitig. Hans, der Sohn eines Arztes, war zu Hause, in der Gemeinde und in der Schule ein „verantwortliches Kind". In der Schule hatte er einen zweiten Freundeskreis, in dem er die Rolle des Sündenbocks spielte und Drogen nahm. Die Familie wusste nichts davon und er wurde ein „guter", verantwortlicher Erwachsener mit einer verborgenen Vorliebe für Pornographie – entsprechend seiner Rolle als Sündenbock.

Und wenn Sie sich an keine Rolle erinnern? Zunächst mag das unter der Oberfläche liegen. Sie können aber genau zuhören, wenn Ihre Familienangehörigen von früher erzählen. Vielleicht erkennen Sie die Rollen Ihrer Geschwister und finden dadurch Ihre eigene heraus. Das mag anfänglich schockierend für Sie sein, doch sollten Sie sich nicht von der Klärung abhalten lassen.

**Klären Sie, welche Rolle Sie heute noch spielen.** Es scheint logisch, dass die erwachsenen Kinder ihre früheren Rollen abgelegt haben, weil sie nun nicht mehr nötig sind. Doch die Wirklichkeit sieht anders aus.

Als Erwachsene spielen wir unsere Rollen weiter: am Arbeitsplatz, in der Gemeinde, in der Familie. Unsere heutige Lebenssituation mag dies zwar nicht mehr erfordern, doch wir fühlen uns wohl in der Rolle und kommen nicht davon los. Daniel berichtet:

*Vor fünfzehn Jahren starb mein Vater fast an einer Leberzirrhose. Meine drei älteren Schwestern und ich saßen lange an seinem*

*Krankenhausbett. In dieser belastenden Zeit handelte ich – der „Friedensstifter" – als „Familienberater". Ich versicherte einer meiner Schwestern, dass sie Vater nicht vernachlässigt habe. Einer anderen bestätigte ich, wie gut sie sich um mich gekümmert habe. Und ich erfreute die jüngste, indem ich alle guten Eigenschaften aufzählte, die sie mit Vater gemeinsam hatte. Ich klopfte mir selbst auf die Schulter, dass ich so fürsorglich war, obwohl es mir selbst schlecht ging.*

*Nachdem Vater wieder zu Hause war, schien es meinen Schwestern gut zu gehen, während ich innerlich unter Strom stand. Zum Ausgleich spielte ich Basketball bis zum Geht-nicht-mehr.*

*Anschließend unter der Dusche überwältigten mich meine Gefühle. Wenn Vater nun gestorben wäre? Ich fühlte mich ängstlich und einsam und bekam einen Weinkrampf wie noch nie. Das Rauschen des Wassers konnte mein Schluchzen kaum übertönen. Ich fühlte mich genau wie der kleine Junge, der wusste, dass sein Vater sich mit Alkohol fast umbrachte. Damals konnte ich nichts tun – und heute auch nicht.*

Ich weinte auch über mich selbst. Wo waren meine Schwestern, wenn ich sie brauchte? Sie wussten nicht, dass ich litt, weil ich mit ihnen nicht darüber sprach. Ich hätte es zwar gern getan, aber es ging einfach nicht. Das entsprach nicht meiner Rolle – ich war der „Friedensstifter". Ich musste mein Leid allein tragen. So ging mir allmählich auf, dass die Rolle als Friedensstifter ein Irrweg war.

Unsere Rollen behindern uns auch in unseren heutigen Beziehungen. Leider können wir nicht ohne weiteres damit aufhören.

Das „verantwortliche Kind" kann seinen Partner dessen Anteil an der gemeinsamen Last oft nicht tragen lassen. Der „Sündenbock" bürdet seinem Partner die ganze Last auf. Das „überangepasste Kind" spricht mit Freunden nicht über seine Probleme und der „Friedensstifter" versucht, die Probleme anderer zu lösen.

**Beobachten Sie Ihr Verhalten in Alltagssituationen.** Wir sind unseren Rollen nicht hilflos ausgeliefert. Wir können Gott fragen, ob unser Handeln seinem Plan für uns entspricht oder dem einer Rolle.

- Das „verantwortliche Kind" fragt Gott: Helfe ich diesem Menschen, weil du es willst? Oder helfe ich, weil es mir die Anerkennung bringt, die ich brauche, um mich geliebt zu fühlen?
- Der „Sündenbock" fragt: Bringe ich ein Problem im Büro aufs Tapet, weil es wichtig ist, dass es angesprochen und dann gelöst wird? Oder will ich damit auf mich aufmerksam machen?
- Das „überangepasste Kind" fragt Gott: Ziehe ich mich aus dieser Freundschaft zurück, weil dieser Mensch meine Beziehung zu dir behindert? Oder weil ich eine Riesenangst vor Nähe habe?
- Der „Friedensstifter" sollte Gott fragen: Gehe ich so sehr auf diesen Menschen ein, weil du es willst? Oder weil ich mir wichtig vorkomme, wenn ich die Probleme anderer löse?

Diese Fragestellungen gehören zu dem lebenslangen Prozess, Gottes Willen herauszufinden und unser Verhalten bewusst zu steuern. So schwer es für Daniel auch war, rief er doch seine älteste Schwester an und sagte ihr, wie sehr er unter Vaters Krankheit litt. Er wusste, sie war das „verantwortliche Kind" und würde ihn besser als seine anderen Schwestern verstehen. Obwohl ihm klar war, dass sie nicht alles nachvollziehen konnte, war es wichtig für ihn, seine Rolle als Friedensstifter aufzugeben, indem er sich einem anderen anvertraute.

Wenn wir unser wirkliches Selbst entdecken, können wir auf erneuerte Weise mit uns umgehen und dann sagen: Mitten im Chaos will ich Gott bitten, mir zu zeigen, wie ich mich in jeder Situation verhalten soll. Und ich bitte ihn, mir dabei zu helfen.

## Vielleicht fragen Sie …

- *Spielen Kinder immer nur eine Rolle?*
  Die Rollenverteilung kann sich ändern. Wenn zum Beispiel das „verantwortliche Kind" die Familie verlässt, kann es sein, dass ein anderes Kind diese Rolle übernimmt.
- *Ich glaube, meine Chefin ist ein „verantwortliches Kind/Friedensstifter". Ich habe es satt, wie sehr sie sich um mich kümmert. Was kann ich tun?*

Betonen Sie Ihre Unabhängigkeit mit so viel Nachdruck wie möglich. Wenn sie sich wieder einmischt, könnten Sie entgegnen: „Das mag bei Ihnen funktionieren. Aber ich kann die Arbeit besser auf meine Weise erledigen."

Wenn sie sich in Ihr Privatleben einmischt, könnten Sie sagen: „Danke für Ihre Anteilnahme. Ich denke über verschiedene Möglichkeiten nach und werde mir Ihren Vorschlag überlegen."

Da Sie durchschauen, dass Ihre Chefin in einer Rolle gefangen ist, können Sie verständnisvoll für sie beten. Dadurch können Sie auch besser mit Ihrer Frustration umgehen.

● *Warum sollte man kein Perfektionist sein?*

Sich nach Kräften anzustrengen ist empfehlenswert. Paulus schreibt in Philipper 3, 14: „Ich jage nach dem vorgesteckten Ziel, dem Siegespreis der himmlischen Berufung Gottes in Jesus Christus" (nach Luther). Es kommt nicht auf die einzelnen Handlungen an, sondern auf unsere Motivation. Unsere Liebe zu Gott ist die beste Motivation. Unsere Handlungen werden perfektionistisch, sobald wir unsere Schwächen nicht mehr akzeptieren und keine Fehler mehr zugeben können, weil wir meinen, Gott und auch wir selbst könnten uns dann nicht mehr lieben. Auch Stolz ist eine falsche Triebfeder. Dann brüsten wir uns: Ich mache alles richtig! Die anderen schauen zu mir auf!

● *Wie kann ich mein Rollenverhalten abbauen und Gottes Stimme besser wahrnehmen?*

Jede Situation ist eine Gelegenheit, auf Gottes Reden zu hören. Wenn wir Handlungen und Worte unterlassen, die unserer Rolle entsprechen, können wir die notwendige Ruhe gewinnen, um uns für ein anderes Vorgehen zu entscheiden. Bei der Autorin Jan sah es so aus:

*Während ich eines Abends in der Selbsthilfegruppe redete, fiel mir auf, wie oberflächlich ich Ratschläge erteilte und wie schnell ich Menschen kritisierte. Dann kam ich auf den Gedanken, dreißig Tage lang meine Meinung für mich zu behalten. Ich sagte das auch der Gruppe.*

*Der folgende Monat war furchtbar. Nach außen gab ich zwar keine Ratschläge und Kritik von mir, doch innerlich hörte ich mich ständig reden. Oft ging ich in die Stille, um diese Impulse vor Gott auszubreiten und zu fragen: Wäre meine Meinung für diesen oder jenen Menschen nicht doch hilfreich gewesen?*

*Was mich besonders überraschte: ich konnte durch mein äußeres Schweigen den anderen viel besser zuhören und gewann einen besseren Kontakt zu ihnen.*

## Zum persönlichen Nachdenken

Nehmen Sie sich einen Augenblick Zeit, um sich zu sammeln. Bitten Sie Gott, Ihnen zu zeigen, was Sie über sich selbst erkennen sollten. Wenn Sie zu einer Selbsthilfegruppe gehören oder sich mit einem nahe stehenden Menschen austauschen können, versuchen Sie, einen Teil dieser Fragen dort zu besprechen.

- Welche Rollen kommen Ihnen bekannt vor?
- Inwieweit hat Ihr Rollenverhalten Ihre Beziehungen behindert? Am Arbeitsplatz? Zu Gott?
- Wie reden Sie innerlich mit sich selbst, wenn Sie einen Fehler gemacht haben? Ordnen Sie dies auf den nachstehenden Skalen ein:

| Mit massiver Ungeduld | Mit sanfter Geduld |
|---|---|
| „Das ist eine Krise, die durchgestanden werden muss." | „Das ist ein Problem, das gelöst werden kann." |

- Was können Sie tun, um Ihr Rollenverhalten nachhaltig zu vermeiden, so dass Sie Gottes Absichten für Ihr Leben erkennen können?

# Kapitel 8
## Erwachsen werden – aber wie?

Können Sie sich vorstellen, einen Schrank ohne Hammer, Schraubenzieher oder Leim zusammenzubauen? Natürlich nicht! Sie brauchen entsprechende Vorbereitungen.

Wenn wir erwachsen werden, ergeht es uns aber geradeso. Wir sind nicht genügend vorbereitet. Herbert genoss eine gute Erziehung und hat eine gute Arbeit, aber er kann nicht mit Kritik umgehen. Daher wechselt er ständig die Arbeitsstelle. Er bemüht sich, geistreich zu sein und kleidet sich flott in der Hoffnung, eine Partnerin zu finden. Doch seine Ängste und Zweifel hindern ihn daran, offen auf andere zuzugehen. Er geht zum Gottesdienst und in den Bibelgesprächskreis – aber seinem Glauben fehlt etwas, was er sich nicht erklären kann.

Was in der Kindheit gesät wurde, geht im Erwachsenenalter auf:

| Kindheit | | Erwachsenenalter |
|---:|:---:|:---|
| *Verleugnung* | *verursacht* | *Misstrauen* |
| *Schuldzuweisung* | *verursacht* | *Selbstverurteilung* |
| *Isolation* | *verursacht* | *Selbstentfremdung* |

So werden die Betroffenen in eine Ecke gedrängt, in der sie glauben, sich verteidigen zu müssen. Es erscheint ihnen dann als unerreichbares Ziel, sich Gott und Menschen gegenüber verletzlich zeigen zu können.

## Misstrauen

Unsere Kultur in Amerika und Europa zwingt die Menschen, etwas vorzugeben, was sie nicht sind. Die Werbung will uns einreden, dass wir Politikern, Ärzten und Selbsthilfe-Experten zutrauen können, alle Antworten zu haben. Doch das trifft in der Regel nicht zu.

Wenn Sie die Kindheitseinflüsse der Verleugnung hinzunehmen, entsteht Misstrauen. Die Betroffenen schützen sich durch nachstehende Maßnahmen.

**Überreaktionen auf unkontrollierbare Situationen.** Wenn ein neuer Chef angekündigt oder ein unerwartetes Gesundheitsproblem diagnostiziert wird, erwarten sie das Allerschlimmste. Wird eine Beziehung unerträglich, werfen sie gleich das Handtuch. Greift jemand sie mit Worten an, reagieren sie mit Ausfälligkeiten oder weichen völlig aus.

Das Bedürfnis, alles im Griff zu haben, entspringt dem Wunsch, uns zu schützen. Wir wollen um jeden Preis vermeiden, dass sich frühere Verletzungen wiederholen. Dazu setzen wir auch unser Rollenverhalten ein. Wie enttäuschend ist es, dann aber festzustellen, dass trotz größter Bemühungen nicht alles gelingen kann.

**Lügen, selbst wenn genauso gut die Wahrheit gesagt werden könnte.** Das Wort Gottes sagt uns eindeutig, dass wir nicht lügen sollen. Doch für Menschen, die sich durch Lügen vor tyrannischen Eltern oder Geschwistern schützen, ist das Verdrehen der Wahrheit normal. Als Erwachsene lügen sie dann, um Schwierigkeiten aus dem Wege zu gehen, oder sie überzeichnen ihre Probleme, um Aufmerksamkeit zu erlangen. Oder sie wollen ihre Mitmenschen beeindrucken, wie rasch sie diese Probleme lösen können.

**Entscheidungen unüberlegt treffen.** Wenn Sie unsicher sind, die richtigen Entscheidungen zu treffen, greifen Sie zu ausgefallenen Mitteln. Ein Extrem ist, aus dem Bauch heraus zu entscheiden und dies anschließend zu bedauern. Sandra machte Schluss mit ihrem Freund, nachdem sie ein paar Tage mit ihren Gefühlen nicht klar kam. Sie dachte nicht darüber nach, da es für sie schwierig war, sich mit ihren Gefühlen auseinander zu setzen – und noch schwieriger, sie anderen zu erläutern. Sie wollte sich entschuldigen, aber das gelang nicht.

Andere schlagen ins Gegenteil um, wenn sie mit unüberlegten Entscheidungen schlechte Erfahrungen gemacht haben. Vor lauter Überlegungen kommen sie zu überhaupt keiner Entscheidung.

Wenn wir unser Misstrauen aufarbeiten, sollten wir Gott unsere Menschenangst und unser Bedürfnis nach Selbstschutz offenlegen. Denn Gott will uns ja nie verlassen, sondern uns schützen. Zugleich fassen wir zu einigen wenigen Menschen so viel Vertrauen, dass wir ihnen sagen können, was wir fühlen, wünschen und denken. Welch eine Erleichterung, andere ein wenig einzubeziehen, statt nur auf uns allein angewiesen zu sein!

## Selbstverurteilung

Wir sind unsere ärgsten Kritiker und gönnen uns selbst nicht, was wir anderen zugestehen würden. Dabei unterstellen wir, dass andere genauso denken wie wir. Bernd tat dies von klein auf:

*Beim Spielen mit Nachbarkindern oder Schulkameraden hatte ich keine Freude, weil ich mich dauernd selbst bewertete. Ich litt unter meinem Übergewicht und der Vorstellung, wie die anderen mich wohl beurteilten. Beim Wettlauf dachte ich nicht ans Ziel, sondern nur daran, was die Jungen hinter mir über mich dachten. Lachte jemand, bezog ich das auf mich. Klopfte mir ein Junge auf die Schulter, hörte ich nicht, was er sagte, denn ich war überzeugt, er wolle mich nur aufziehen. Die gleiche Befürchtung habe ich noch heute, obwohl ich kräftig abgenommen habe.*

Manche Christen unterliegen dem Irrglauben, Härte gegen sich selbst sei der Schlüssel zur Vervollkommnung. Doch in Wirklichkeit verliert man dadurch die Überzeugung, Gott könne einen gebrauchen. Das führt normalerweise dazu, dass wir auch andere gnadenlos verurteilen. Ich registriere jede Schwachstelle des anderen – den vernachlässigten Garten, die ungezogenen Kinder –, um sie bei Gelegenheit anzuprangern.

**Suche nach Anerkennung und Bestätigung.** Dieses unablässige Be- und Verurteilen zwingt die Betroffenen, ständig nach Bestätigung zu suchen. Als Erwachsene übertragen sie dieses Bedürfnis nach Bestätigung von den Eltern auf Freunde, den Ehepartner oder den Chef. Sie werden dadurch übersensibel. Als Kinder haben sie vielleicht das Gesicht ihres tyrannischen Vaters genauestens beobachtet – Stirnrunzeln, drohende Augen, verkniffene Lippen. Sie nehmen mehr Einzelheiten bei den Mitmenschen wahr als andere und glauben, anhand des Gesichtsausdrucks anderer zu wissen, was diese denken. Und weil sie nach Anerkennung hungern, reden sie anderen oft nach dem Mund.

**Anhänglichkeit an Menschen, die einem schaden.** Als Erwachsene entwickeln manche, die mit tyrannischen/fürsorglichen Eltern aufgewachsen sind, eine überaus starke Anhänglichkeit an Menschen, die sie als „Fürsorger" empfinden. Dann harren sie sogar in schädlichen Beziehungen und Arbeitsverhältnissen aus, von denen sich andere längst befreit hätten.

Birgit berichtet, ihr Chef unterstelle ihr oft, Akten verlegt zu haben. Stellt sich dann heraus, dass er es war, entschuldigt er sich nicht. Der Empfehlung einer Freundin zu kündigen kann Birgit nicht folgen, weil sie überzeugt ist, ihn ändern zu können.

Ähnlich ist es mit ihrem Vater. Sie lässt sich am Telefon von ihm beschimpfen, ohne zu widersprechen. Als sie das einmal versuchte, hängte er ein, was bei ihr wochenlange Schuldgefühle auslöste. Jetzt übt Birgit ein, ihm sagen zu können: „Ich lasse es nicht zu, dass du so mit mir redest!"

Wenn wir aufhören, uns zu verurteilen, bekommen wir wieder Luft zum Atmen. Wir erkennen unsere Fortschritte an, so gering sie auch sein mögen. Indem wir uns auf Gottes große Liebe zu uns und seine Leitung im Alltag konzentrieren, verringert sich der Druck, anderen zu Gefallen sein zu müssen. Wir gehen Beziehungen und Arbeitsverhältnisse ein, in denen wir mit Achtung und Fairness behandelt werden.


## Selbstentfremdung

Ist es Ihnen schon mal so vorgekommen, als ob alle anderen über wichtige Dinge Bescheid wissen und nur Sie nicht? Oder dass nur

73

Sie die Pointe eines Witzes nicht mitbekommen? Vielleicht argwöhnen Sie sogar, der Witz sei über Sie gemacht worden.

Wenn Sie als Kind erlebten, dass die Erwachsenen Ihnen in Worten, Verhalten und Gesichtsausdruck vermittelten, andere Dinge seien wichtiger als Sie, glaubten Sie das mit der Zeit selbst. Vielleicht wollten die Erwachsenen – oder die Eltern – das gar nicht, aber sie hatten genug mit sich zu tun. Wenn sich das Gefühl der Wertlosigkeit festsetzt, werden auch kleine Fehler zum Riesenproblem. Die Scham darüber vergrößert den Abstand zu den Mitmenschen. Diese halten Sie dann für überheblich, obwohl Sie nur ängstlich und eingeschüchtert sind.

Bei manchen gründet die Entfremdung von anderen darin, dass sie sich ihrer Eltern schämten. Das konnte zum Beispiel mit deren Jähzorn, Perfektionismus oder Alkoholabhängigkeit zusammenhängen. Karl berichtet:

*Bei einem Basketballspiel in der Uni war ich gut in Form, bis ich meinen Vater kommen sah. Er ist an sich nett, aber launenhaft und kann sich als Sportzuschauer fürchterlich aufführen. Daraus, wie er sich bewegte, schloss ich, dass er schlechte Laune hatte. Ich hoffte, er würde ruhig sein und mich nicht vor meinen Freunden bloßstellen – vergeblich. Ich merkte nicht, wie nervös ich war, bis ich bei einem leichten Wurf den Korb verfehlte. Mein Vater schrie irgendetwas. Ich sah mich um, ob die anderen merkten, dass der Schreihals mein Vater war. Ich versuchte weiterzuspielen, aber es ging nicht mehr. So bat ich den Trainer, mich wegen plötzlichen Unwohlseins auszuwechseln. Ich hielt den Druck nicht mehr aus, mein Vater könnte mich blamieren. Derartiges wiederholte sich so oft, dass ich mich noch heute verkrampfe, sobald ich denke, dass mich jemand bloßstellen will. Ich fühle mich nie dazugehörig.*

**Schwierigkeiten mit intimen Beziehungen.** Freundschaften oder eine Ehe bedeuten nicht automatisch, dass wir dem anderen in unser Innerstes Einblick geben. Viele von uns wirken nach außen wie das „gute Kind". Die anderen glauben dann, uns zu kennen, was aber nicht der Fall ist. Wenn sie schließlich erkennen, dass wir nicht offen zu ihnen waren, kommen sie sich verschaukelt vor.

*Mirjam hatte gelernt, sich ihrer Freundin Caroline gegenüber so*
*zu verhalten, als sei sie Caroline ganz nahe, blieb zugleich aber*
*distanziert. Als Caroline das eines Tages ansprach, war Mirjam*
*überrascht, denn sonst schien es niemanden zu stören, dass sie ihre*
*Ansichten und Gefühle für sich behielt. Mirjam half vielen Men-*
*schen, musste aber einsehen, dass diese Pseudo-Intimität sie nur*
*davon abhielt, über ihre wahren Ängste und Zweifel zu sprechen.*

**Die Angst, allein gelassen zu werden.** Sie müssen als Kind nicht
erst ausgesetzt worden zu sein, um die Angst zu kennen, allein
gelassen zu werden. Mit dem Fall im Garten Eden kam ein Verlas-
senheitsgefühl in die Welt, das erst in der ewigen Herrlichkeit ganz
aufgehoben sein wird. Hier auf der Erde haben auch uns nahe stehende Menschen so viele eigene Probleme, dass sie uns unabsicht-
lich allein lassen. Wenn wir jemand brauchen, an den wir uns
anlehnen können, ist niemand erreichbar. Je öfter dies geschieht,
desto tiefer wird das Gefühl, vergessen zu sein. Und umso mehr
klammern wir uns dann an andere Menschen.

*Margret erlebte dies auch. Und es dauerte sehr lange, bis sie lernte,*
*andere durch ihr Anklammern nicht mehr zu überfordern. Sie lern-*
*te, mehr Zeit mit Gott zu verbringen und ihm ihr Inneres zu offen-*
*baren. Sie begriff, dass es bei Beziehungen darum geht, anderen*
*etwas zu geben statt sie für die eigenen Bedürfnisse auszunutzen.*

Unsere Selbstentfremdung können wir nur überwinden, indem wir
aus unserem Schneckenhaus herauskommen und uns an verlässli-
che Menschen wenden, die uns über unsere Zweifel und Gefühle
reden lassen ohne uns zu verurteilen. Solche Menschen sind vielleicht in der Gemeinde zu finden. Auch Gott verurteilt und enttäuscht uns nicht wenn wir uns vertrauensvoll an ihn wenden.

## Spannungen

Die Feindseligkeit in der heutigen Gesellschaft hat uns gelehrt,
wie wichtig Selbstschutz ist. Manche Menschen befürchten ständig

Katastrophen und sind erleichtert, wenn diese nicht eintreten. Spannungen drücken sich auf nachstehende Art und Weise aus:

**Wenn Vergnügen zur Arbeit wird.** Unsere Gesellschaft ist so ungeübt darin, unbeschwert Spaß zu haben, dass auch Freizeitvergnügen zur harten Arbeit wird. Was unternehmen wir nicht alles, um uns zu amüsieren! Wir könnten zu einem nahe gelegenen See oder Strand fahren. Aber nein – es muss eine Ferienanlage auf einer Insel sein. Und selbst dann kommt oft keine rechte Freude auf. Als toller Urlaub gilt, in wenigen Tagen ein Mammutprogramm abzuspulen und ja keine Attraktion auszulassen.

**Wenn wir uns selbst zu wichtig nehmen.** Gnadenlose Selbstkritik kann dazu führen, dass wir auf Kritik von außen besonders empfindlich reagieren. Die Autorin Jan erinnert sich, dass ihre Lehrerin sie beim „Schwätzen" mit ihrer Freundin Renate erwischte. Beide wurden mild ermahnt, doch Jan nahm es tragisch, während Renate lachte.

Daraufhin sagte die Lehrerin: „Renate hat wenigstens gelacht, aber Jan schaute mich an, als ob ich eine Horrorshow abzöge." Die Klasse lachte, nur Jan nicht.

Über zwanzig Jahre später kann sich Jan noch gut daran erinnern. Doch inzwischen lernte sie, die Dinge nicht ganz so tragisch zu nehmen.

Wir können lernen, im größeren Lebenszusammenhang Gottes Herrschaft zu erkennen. Das nimmt unseren Fehlern und Schwierigkeiten die Spitze. Als Christen haben wir eine Perspektive, die Paulus in 2. Korinther 4, 17 (nach Luther) so beschreibt: „Unsere Trübsal, die zeitlich und leicht ist, schafft eine ewige und über alle Maßen gewichtige Herrlichkeit."

**Wenn wir verantwortungslos oder übergewissenhaft handeln.** Kinder in gestörten Familien können oft ihre Hausaufgaben nicht vollständig erledigen. Als Erwachsene ist es dann schwierig für sie, eine Sache von Anfang bis Ende durchzuziehen oder sie rechtzeitig fertig zu stellen. Sie brauchen dazu Druck von oben. Manche Menschen schlagen aber auch in überzogene Gewissenhaftigkeit um – ohne Rücksicht auf sich selbst. Wieder andere schwanken zwischen beidem hin und her.

**Wenn wir Chaos um uns herum verbreiten.** Wenn Sie als Kind an chaotische Zustände gewöhnt waren, werden Sie als Erwachsener wahrscheinlich solche Zustände oder Krisen gut bewältigen können. Läuft alles glatt, haben Sie ein ungutes Gefühl. Unkomplizierte Leute als Partner sind daher nicht interessant genug. Dramatische Situationen tun Ihnen gut. Deshalb führen Sie diese auch selbst herbei.

Um die Spannungen zu überwinden, müssen wir den Knackpunkt herausfinden, warum wir immer noch in Verhaltensweisen aus früheren Zeiten verharren. Wir sollten mit Menschen unseres Vertrauens – die uns verstehen und ihren eigenen Spannungen mit Humor begegnen – offen darüber sprechen. Wir fördern die natürlich-entspannten und lebensbejahenden Anteile in uns und kümmern uns weniger um das, was die anderen darüber denken. Wir trennen uns von dem verheerenden „Ich müsste" und „Ich sollte". Wenn wir echt werden, kehren unsere Lebensgeister wieder.

## Vielleicht fragen Sie ...

● *Warum ist es falsch, Selbstbeherrschung praktizieren zu wollen? Ist das nicht eine Frucht des Geistes nach Galater 5, 22f?*
Selbstbeherrschung ist hilfreich. Doch wenn wir beherrschen wollen, was nicht unserer Kontrolle unterliegt – ob Menschen uns mögen oder nicht, ob die Kinder sich außer Haus falsch verhalten –, fallen wir in eine Rolle, die uns nicht zusteht und uns nicht gut tut. Denn sie raubt uns unseren inneren Frieden. Wir bleiben stecken in dem krampfhaften Bestreben, unsere Umgebung zu beherrschen, und übersehen die Möglichkeit, Umstände, Menschen und Probleme an Gott abzugeben.

● *Christen sollten doch andere höher achten als sich selbst. Dann ist es doch in Ordnung, wenn man sich als weniger wert einschätzt – oder?*
Wir sind nach Philipper 2, 3 aufgerufen, den anderen höher zu

achten als uns selbst. Doch das tun wir, weil wir Jesus Christus nachfolgen. Er opferte sich für uns, nicht weil er sich für wertlos hielt, sondern weil er als der Sohn Gottes einen kostbaren Preis für uns bezahlte. Wir sind Gottes Kinder und bei Gott sehr wertgeachtet. Und aus dieser hervorragenden Position können wir mit gesundem Selbstbewusstsein andere anerkennen.

## Zum persönlichen Nachdenken

Beantworten Sie diese Fragen so ehrlich wie möglich und besprechen Sie die Antworten in Ihrer Selbsthilfegruppe oder mit einer Person Ihres Vertrauens.

- Welche Situationswechsel sind für Sie besonders schwierig? Welche Anteile haben Sie im Griff und welche nicht?
- Wann fällt es Ihnen besonders schwer, die Wahrheit zu sagen? Wem gegenüber? Was könnte die tieferliegende Ursache dafür sein?
- Neigen Sie eher zu Impulsivität oder zu analytischem Denken?
- Bei welchen Gelegenheiten sind Sie besonders hart gegen sich selbst? Wessen Anerkennung oder Bestätigung brauchen Sie besonders? Was hat dieser Mensch an sich, dass Sie ihm besonders gefallen wollen?
- Neigen Sie eher dazu, Menschen gegenüber auf Distanz zu bleiben oder ihnen zu schnell zu nahe zu kommen?
- Auf welche Weise strengen sich Menschen übertrieben an, um Vergnügen zu haben?
- Was nehmen Sie zu ernst in Ihrem Leben?

# Kapitel 9
## Den Schmerz betäuben

Wenn sich mit der Zeit immer mehr Spannung und Enttäuschung in uns ansammeln, versuchen wir, unterschiedlich damit umzugehen. Dabei können bestimmte Verhaltensweisen zwanghaft werden.

Thomas versuchte zum Beispiel, mit Sex sowie Eß- und Arbeitssucht seinen Schmerz zu betäuben. Doch es half alles nichts. Übermäßigen Alkohol- oder gar Drogenkonsum vermied er jedoch, weil dies in christlichen Kreisen verpönt ist.

Fast jede Substanz oder Verhaltensweise kann zur Sucht führen. Dazu gehören auch

- Koffein
- Nikotin
- Essen
- Arbeit
- Sport
- Religion (!)
- Alkohol

- Drogen
- Beziehungen
- Konsumgüter
- Glücksspiele
- Sex
- Fernsehen

Die Liste ließe sich fortsetzen.

Viele Abhängigkeiten beginnen scheinbar harmlos: Mutter liest pausenlos Kitschromane, um die Leere in ihrem Leben auszufüllen. Vater vergräbt sich in seiner Heimwerkstatt, um Gesprächen über Gefühle aus dem Wege zu gehen. Früher oder später stellt sich heraus, dass sie in eine Suchtspirale geraten sind.

Anfänglich harmlose Gedankenspiele verdichten sich zu Absichten, führen zu Handlungen und schließlich zu Zwangshandlungen. Der Erleichterungseffekt nimmt immer mehr ab – Schuldgefühle stellen sich ein.

Ob wir das Suchtverhalten unserer Eltern nachahmen oder gerade das Gegenteil anstreben: der Antrieb, negative Gefühle zu

betäuben, ist immer vorhanden. Und so schließt sich der verhäng-
nisvolle Kreislauf.

## Wie können wir den Suchtkreislauf durchbrechen?

Nicht jeder, der Alkohol trinkt, ist süchtig. Und nicht jeder, der
Übergewicht hat, ist esssüchtig. Wir möchten Ihnen helfen herauszufinden, ob Ihr Verhalten süchtig ist.

- Gibt mir dieses Verhalten ein Pseudogefühl von Wohlbefinden,
  Stolz oder Macht?
- Schädigt mich dieses Verhalten irgendwie? Schädige ich andere
  dadurch, bemerke es aber zunächst nicht?
- Folgt mein Verhalten einem Kreislauf der Abhängigkeit:
  Gedankenspiel – Absicht – Handlung – Schuldgefühl?

In späteren Kapiteln machen wir Ihnen konkrete Vorschläge zu
tragfähigen Veränderungen. Es reicht zum Beispiel nicht, durch
pure Willenskraft das Verhalten ändern zu wollen. Entscheidend
ist der innere Schmerz, der zu diesem Verhalten geführt hat. Erst
wenn wir uns diesem stellen, kann die Heilung einsetzen.

## Vielleicht fragen Sie ...

- *Was kann ich tun, wenn mein Freund, mein Kind, mein Ehepartner süchtig ist?*
  Leider kann nur wenig getan werden, solange die Betroffenen
  nicht selbst einsehen, Hilfe annehmen zu müssen. Wir können
  uns jedoch bewusster hierauf einstellen und uns abgrenzen,
  damit wir nicht geschädigt werden. Wir kommen eher mit ihnen
  ins Gespräch, wenn wir es aufgeben, sie „retten" zu wollen.
- *Werde ich alkoholabhängig, wenn meine Eltern Alkoholiker
  waren?*
  Eine gewisse Gefahr besteht, weil Sie es miterlebten, wie Ihre
  Eltern ihren Schmerz durch Alkohol betäubten. Und die meisten

von uns folgen, ob sie wollen oder nicht, dem elterlichen Beispiel. Bei manchen kann auch Veranlagung eine Rolle spielen.
Wichtig ist aber: Sie unterliegen keinem unabwendbaren
Schicksal! Doch mit Alkohol sollten Sie besonders vorsichtig
umgehen.

## Zum persönlichen Nachdenken

Beantworten Sie diese Fragen so ehrlich wie möglich und besprechen Sie die Antworten in Ihrer Selbsthilfegruppe oder mit einer
Person Ihres Vertrauens.

- Anscheinend sind die meisten Menschen in westlichen Kulturen
  von irgendetwas abhängig. Was ist Ihrer Meinung nach bei
  Ihren Freunden oder in Ihrer Familie am meisten verbreitet?
- Was tun Sie, wenn Sie sich schlecht fühlen? Oder einsam? Was
  brauchen Sie als Muntermacher?

# Kapitel 10
## Verzerrtes Gottesbild

Welche Gottesvorstellung haben Sie? Stellen Sie sich Gott vor
- wie einen Nikolaus, der uns nur beschenkt, wenn wir „Lieb-kind" sind?
- wie einen gleichgültigen Vater, der nie erreichbar ist?
- wie einen Gefängnisaufseher, der jede Bewegung überwacht?
- wie eine weinerliche Großmutter, die uns händeringend bittet, brav zu sein?
- wie einen Schönwetter-Freund, der uns alleinlässt, sobald Krankheit oder Probleme unser Leben verdunkeln?

Wir haben lange die Unwahrheit zu hören bekommen, dass Gott nur gute Menschen liebt. Viele Kinder folgern daraus, sie müssten ständig Spitzenleistungen im Leben erbringen.

*Welches Gottesbild haben Sie?*

Als Erwachsene sehen sie dann Gott – wie auch sonst alles in ihrem Leben – durch den Zerrspiegel von Misstrauen, Selbstverurteilung, Selbstentfremdung und Spannungen. Wenn sich das jahrelang hinzieht, finden sie nur schwer zur biblischen Wahrheit, dass Gott sie ohne Vorbedingungen liebt und gerne vergibt. Stattdessen kommen Vorstellungen auf wie

● Gott muss jetzt sauer auf mich sein.
● Das macht mir Freude – also muss es Sünde sein!
● Wo ist Gott, wenn ich ihn brauche?
● Heute hat mich Gott zusammengestaucht!

## Christen, die sich hinter einer Maske verstecken

Wenn Sie in einer Familie aufwuchsen, die in der Gemeinde hohes Ansehen genoss, die Eltern aber zu Hause Tyrannen waren, ist Ihr Gottesbild wahrscheinlich verzerrt. Sie haben vielleicht empfunden, dass die Gemeinde das selbstsüchtige Verhalten Ihrer Eltern guthieß. Also sahen Sie Ihre schlimmsten Befürchtungen bestätigt, dass die Gemeinde nicht anders als Ihre Familie war: ein zu gefährlicher Ort, um offen zu reden und Vertrauen und Gefühle zu entwickeln. Kein Wunder, dass dies alles auf Gott übertragen wurde!

Und mit dieser „Brille" lesen und interpretieren Sie auch die biblischen Aussagen. Sie können dann – um nur ein Beispiel zu nennen – nicht verstehen, dass Mose bei der Begegnung mit Gott im brennenden Busch die Freiheit hatte, sich gegen seine Berufung zu wehren und Ausreden vorzubringen (nachzulesen in 2. Mose 3 und 4).

## Verdrehung von Bibelaussagen

Die gute Nachricht wird zur schlechten Nachricht, wenn das Wort Gottes so ausgelegt wird, als ob Christen ohne Wert seien und pausenlos rotieren müssten, um Gott zu gefallen. In Wirklichkeit ist Gott immer bereit, unsere Verletzungen und Verfehlungen zu tragen: „Kommt her zu mir alle, die ihr mühselig und beladen seid; ich will euch erquicken. Nehmt auf euch mein Joch und lernt von mir; denn ich bin sanftmütig und von Herzen demütig; so werdet ihr Ruhe finden für eure Seelen. Denn mein Joch ist sanft, und meine Last ist leicht" (Matthäus 11, 28-30 nach Luther).

Wir verzichten hier darauf, Beispiele für Falschauslegungen oder Missverständnisse von biblischen Texten zu nennen, denn sie sind weit verbreitet und vielen geläufig.

Grundsätzlich gilt: Wenn wir den beschlagenen Spiegel unserer Lebenserfahrungen sauber wischen, können wir den echten Gehalt der Bibelaussagen erkennen. Das führt zu innerer Befreiung! Denn die Realität Gottes sieht so aus:

● Gott liebt uns und erklärt uns für „gut genug".

● Seine Liebe zu uns hängt nicht von unseren Leistungen oder der Beachtung christlicher Standards ab.

● Er macht uns fähig, andere Menschen auf eine gesunde Art und Weise zu lieben.

● Er kennt unsere Gedanken – auch die negativen! – und schafft trotzdem in uns geistliches Wachstum.

● Er hält jede seiner Zusagen ein, auch wenn wir uns das im Einzelnen manchmal nicht vorstellen können.

## Vielleicht fragen Sie …

● *Wie finde ich die echte biblische Vorstellung von Gott heraus?*
Sinnen Sie über Bibelstellen nach, die Gottes Liebe herausstellen. Geschichten sind dabei hilfreich, zum Beispiel die
– vom verlorenen Schaf (Lukas 15, 3-7)
– vom verlorenen Sohn (Lukas 15, 11-24).

● *Ich bete, spüre aber Gottes Nähe nicht. Wie kann ich das ändern?*
Wenn wir nach Liebe hungern, versuchen wir vielleicht, Gott zu gebrauchen, um unsere Stimmungslage aufzubessern. Das gelingt aber nur, wenn wir unsere innere Zielrichtung ändern. Unser Ziel sollte sein, in Gemeinschaft mit Gott zu kommen und ihn tiefer kennen zu lernen – nicht lediglich angenehme Gefühle. Wenn wir diesem Ziel nachstreben, stellen sich die gewünschten Gefühle wahrscheinlich später von selbst ein.

## Zum persönlichen Nachdenken

Beantworten Sie diese Fragen so ehrlich wie möglich und besprechen Sie die Antworten in Ihrer Selbsthilfegruppe oder mit einer Person Ihres Vertrauens.

- Was ist zu tun, wenn Bibelaussagen zu einer schweren Belastung für Sie geworden sind?
- Wie empfinden Sie den Text 1. Johannes 3, 1: „Seht doch, wie sehr uns der Vater geliebt hat! Seine Liebe ist so groß, dass er uns seine Kinder nennt. Und wir sind es wirklich!"
- Welche Begriffe auf der rechten Seite der unten stehenden Tabelle drücken am besten aus, welche Vorstellung von Gott Sie manchmal haben? Welche Ursachen führten dazu?
- Markieren Sie die Stellen auf der linken Seite dieser Tabelle, die eine Eigenschaft Gottes nennen, die Sie gern tiefer in sich aufnehmen möchten.
- Gottes Güte und Barmherzigkeit ist dutzende Male im Wort Gottes erwähnt, oft auch in den Psalmen. Lesen Sie viel in den Psalmen und unterstreichen Sie, wo von Gottes Güte und Barmherzigkeit die Rede ist. Denken Sie meditativ darüber nach.

| *WIE GOTT WIRKLICH IST* | *WIE WIR GOTT OFT SEHEN* |
|---|---|
| *liebend, fürsorglich* | *voller Haß, gleichgültig* |
| *gütig, barmherzig* | *gemein, nachtragend* |
| *unveränderlich, zuverlässig* | *unberechenbar,* |
| | *nicht vertrauenswürdig* |
| *bedingungslos gnädig* | *stellt Bedingungen* |
| *immer für uns da* | *im Notfall nicht erreichbar* |
| *Geber guter Gaben* | *gönnt uns nichts Gutes* |
| *hegt und fördert uns* | *nie zufriedenzustellen* |
| *nimmt uns an* | *lehnt uns ab* |
| *heilig, gerecht* | *ungerecht, parteiisch* |

# Teil III
# Hilfen zur Heilung

## Kapitel 11
## Wir prüfen uns selbst

Tun Sie manchmal so, als ob Sie glücklich und zufrieden wären, obwohl Sie sich innerlich miserabel fühlen? Dann wissen Sie, wie es ist, gespalten zu sein. Vielleicht haben Sie Ihr wahres Selbst so sehr verleugnet, dass es gar nicht mehr zu existieren scheint. Doch um Gott und Menschen gegenüber echt zu werden, müssen wir mit dem wahren Selbst wieder in Verbindung kommen.

### Selbstbestimmt leben

Wenn das wahre Selbst lange genug unterdrückt worden ist, wissen die Betroffenen nicht mehr, wie es ist, selbstbestimmt zu leben. Stattdessen leben sie wie fremdbestimmt, ohne über ihre Worte und Handlungen nachzudenken. Sie leben praktisch wie Opfer, die auf normale Vorgänge nur noch mit Selbstschutzmechanismen reagieren. Ihr Umgang mit Menschen basiert noch auf ihren Rollen aus der Kindheit – statt Gott nach seinem Willen zu fragen und um Weisheit zu bitten.

Wenn solche Menschen ihr Denken und Fühlen unterdrücken, imitieren sie oft andere Menschen ihres Umfeldes. Sie denken Dinge nicht bis zu Ende, weil sie es gewohnt sind, dass andere für sie denken. Mit der Zeit verlieren sie jegliche Glaubwürdigkeit.

Ist es überhaupt leistbar, der Fremdbestimmung zu entkommen und selbstbestimmt zu leben? Ja – aber das erfordert, unser Leben, unsere Motive, Überzeugungen und Handlungen zu überprüfen, und aufzuhören, Opfer unserer Vergangenheit zu sein. Stattdessen können wir die Überzeugung gewinnen, dass Gott eine bessere Zukunft für uns bereithält.

Ja, mit Gottes Hilfe können wir uns entscheiden, echt zu werden und mit dem Ziel zu leben, Gott näher zu kommen und uns von ihm umgestalten zu lassen. Wir müssen die Realität anerkennen, dass wir innerlich zunächst noch das kleine Kind von früher sind, das Liebe und Anerkennung sucht. Wir können den Schmerz zulassen, dass wir uns und anderen geschadet haben, indem wir uns hinter einer Rolle versteckten.

Um selbstbestimmt zu leben, müssen wir auf uns selbst hören; bewerten, was wir im Licht des Wortes Gottes in unserem Leben entdecken – und nach dieser neuen Erkenntnis handeln.

## Wir prüfen uns selbst

Ein Leitgedanke für unsere Selbstprüfung kann Psalm 26, 2 sein: „Stelle mich auf die Probe, Herr, prüfe mich auf Herz und Nieren!" Dazu gehört auch die Prüfung unseres Verhaltens anderer Menschen – speziell Mitchristen – gegenüber. Wenn wir uns im Bewusstsein von Gottes grenzenloser Gnade prüfen, stellen wir uns folgende Fragen:

- Was fühle ich?
- Was denke ich?
- Was will ich anders machen?

## Was fühle ich?

Nach Jahren der Fremdbestimmung kann die Antwort hierauf sehr schwer fallen. Sie sind ja nicht gewohnt, auf Ihre Gefühle zu achten. Oder Sie lebten nach dem „Ich sollte"- und „Ich müsste"-Prinzip. Sie können Gott bitten, Ihnen zu helfen, an Ihre so lange betäubten Gefühle heranzukommen.

Wenn wir nun Gefühle wie zum Beispiel Traurigkeit, Zorn, Gier oder Hass bei uns entdecken, denken wir vielleicht gleich: Das darf doch nicht sein! Doch wir sollten barmherzig mit uns selbst umgehen und unsere Gefühle eine Weile aushalten. Es geht jetzt nur um das Entdecken, nicht ums Analysieren. Wenn Verleugnungsgedanken aus der alten Zeit auftauchen, sind diese unbedingt zurückzuweisen.

Beispiel: Ich bin eifersüchtig auf sie. Ich sollte das nicht sein, und ich weiß, es ist unbegründet, aber ich bin eifersüchtig! Nun sitze ich hier und gestehe mir meine Eifersucht ein!

Hilfen zum Bewusstmachen von Gefühlen sind schriftliche Notizen, Gespräche mit Personen unseres Vertrauens und natürlich das Gebet. In Kapitel 15 gehen wir hierauf näher ein.

## Was denke ich?

Nachdem wir unsere Gefühle erkennen, versuchen wir herauszufinden, warum wir so fühlen und wie das unser Verhalten bestimmt. Vielleicht fühle ich mich gehemmt und ziehe mich von den Arbeitskollegen zurück – weil das genau meiner früheren Familienrolle als „vergessenes" Kind entspricht.

Als nächstes stellen wir uns die Frage: Steht dieses Gefühl mit der jetzigen Realität im Einklang? Wir gehen die letzte Situation gedanklich durch und fragen uns: War meine Reaktion angemessen? Oder habe ich wieder eine alte Familienrolle gespielt?

Es ist hilfreich, mit einem Freund oder in einer Gruppe darüber zu sprechen. Lautes Denken trägt zu einer klareren Sicht bei. Zu empfehlen ist auch das Gelassenheitsgebet:

Herr, gib mir die Gelassenheit, Dinge hinzunehmen, die ich nicht ändern kann; den Mut, Dinge zu ändern, die ich ändern kann, und die Weisheit, das eine vom anderen zu unterscheiden.

Dieses Gebet weist auf zwei Gruppen von Menschen und Situationen hin:

- diejenigen, die ich bis zu einem gewissen Maß bestimmen kann
- diejenigen, über die ich wenig oder keine Kontrolle habe.

In der Praxis überwiegt die zweite Kategorie bei weitem. Was wir Christen aber tun können: Statt uns mit Menschen und Umständen herumzuquälen, die wir nicht ändern können, dürfen wir sie mitsamt unserem Bestreben, alles zu kontrollieren, an Gott abgeben. Und bei Dingen, die ich bestimmen kann, wird kein Perfektionismus von mir verlangt.

## Was will ich anders machen?

Wie können Sie in der Wahrheit leben? Manchmal brauchen wir einfach mehr Information. Wenn Sie zum Beispiel unsicher sind, ob Sie jemanden missverstanden haben, könnten Sie fragen: „Ich bin nicht sicher, ob ich Sie richtig verstanden habe. Sind Sie böse auf mich oder nicht?"

Wenn Sie genügend Informationen haben, können Sie bedenken, welche Wahlmöglichkeiten vorhanden sind. Sollten Sie sich entschuldigen? Oder würde eine Entschuldigung die Dinge nur noch schlimmer machen? Wie können Sie beim nächsten Mal angemessener reagieren? Wie können Sie handeln, ohne in Ihre alte Familienrolle zurückzufallen?

Dieser Prozess kann zunächst schwierig sein, weil wir uns bei Konflikten automatisch schützen wollen durch Verleugnung der Gefühle, Schuldzuweisungen an andere, Distanzierung von anderen oder Handeln im Zorn (sei es als offener Ausbruch oder durch verdeckte Beeinflussung). Je mehr wir aber Gottes Gnade erfahren, desto aufrichtiger können wir mit Gott umgehen und ihm sogar solche Dinge bekennen:

- Ich habe gelogen, weil ich befürchtete, die anderen würden mich nicht mehr mögen, wenn ich die Wahrheit gesagt hätte.
- Um Eindruck zu schinden, habe ich heute meinen Freunden unwahre Angaben über die Dauer meines Lauftrainings gemacht.
- Ich habe mir heute die neue Jacke gekauft, um mit meinem Kol-

legen mithalten zu können. Genau genommen erinnert er mich an meinen Bruder, der mich immer ausgenutzt hat. Deshalb meine ich, immer mit dem Kollegen konkurrieren zu müssen.

Je öfter wir uns selbst gegenüber ehrlich sind, desto leichter wird es. Es ist gar nicht so kompliziert, wie es uns anfänglich vorkommen mag. Mit der Zeit und mit Gottes Hilfe wird dies schließlich zur selbstverständlichen Praxis.

Manche wenden vielleicht ein: Wer will schon all das Negative von sich sehen? Das ist ja wie ein Test und ich mag keine Tests.

Doch hier geht es nicht darum, einen Test zu bestehen, sondern eine Diagnose zu finden. Danach können wir das Ergebnis dem einzigen übergeben, der uns verändern kann. Wir bitten Gott um seine Weisung für unser weiteres Vorgehen.

Je mehr wir lernen, auf unsere innere Stimme zu hören, stoßen wir darauf, dass wir hilfreiche Signale unseres wahren Selbst bisher überhört haben, weil wir annahmen, sie seien egoistisch. Im Licht der neuen Erkenntnisse können wir diese Signale nun richtig zuordnen.

Nehmen wir das Beispiel von Maren:

*Ich sollte zu einer Vorstandssitzung gehen, aber ich merkte, dass ich dazu keine Lust hatte. Mein Pflichtgefühl (als „verantwortliches Kind" der Familie hatte ich das gut trainiert) sagte mir: Geh trotzdem. Du bist doch immer so zuverlässig und nicht eine von diesen faulen Leuten.*

*Dann hörte ich auf die Gefühlsregung der vermeintlichen Faulheit: Diese Sitzungen helfen doch niemandem.*

*Stimmt das? fragte ich mich. Bringen sie wirklich nichts? Ich dachte darüber nach und stellte fest, dass das nicht stimmt.*

*Trotzdem fiel es mir schwer zu gehen. War ich faul? Nein, ich war nur müde. Deshalb beendete ich meine Arbeit früher, um vor der Sitzung noch ausruhen zu können.*

*Als ich mich aber für die Sitzung fertig machte, fühlte ich immer noch einen inneren Widerstand. Plötzlich kam mir das Gesicht der Vorsitzenden in den Sinn. Sie hatte mich bei den vorherigen Sitzungen aufgeregt, doch ich hatte das unterdrückt. Ich reagierte auf sie so allergisch wie auf meine perfektionistische Mutter. Aber sollte ich mich heute noch von meinen Reaktionen auf meine Mutter bestimmen lassen?*

*Ich rief eine Freundin an und erzählte ihr, wie diese Frau die Sitzungen leitete. Meine Freundin ermutigte mich, in ruhiger, aber bestimmter Art zu widersprechen, wenn sie zu fordernd würde.*

*Es ging mir nach diesem Telefongespräch schon viel besser. Es war richtig, dass ich zur Sitzung ging, aber ich hatte auch auf meine Gefühle Rücksicht genommen.*

*Bei der Fahrt zur Sitzung konnte ich sogar für die Vorsitzende beten.*

## Tägliche Übung

Am Ende eines Tages denken wir über unseren Umgang mit anderen Menschen nach. Wir können auch Gott bitten, uns unsere Fortschritte zu zeigen: Wann war ich heute unverkrampft, wo ich früher gestresst gewesen wäre? Wann habe ich heute jemandem wirklich zugehört, statt wie früher nur um mich zu kreisen?

Wir werden feststellen, dass Gott behutsam und nachsichtig mit uns umgeht. Er verändert uns. Wir begreifen Gott als Vater, der wie im Gleichnis viele Jahre auf die Rückkehr des verlorenen Sohnes wartet. Statt ihn zur Rechenschaft zu ziehen, läuft er ihm entgegen und schließt ihn in die Arme (Lukas 15, 20).

Immer wenn wir eine unangenehme Wahrheit über uns entdecken, können wir dieses Gleichnis in Anspruch nehmen und uns in die Arme Gottes fallen lassen. Wenn wir uns so auf uns konzentrieren, werden wir vor Gott und Menschen glaubwürdiger.

## Vielleicht fragen Sie ...

● *Ist diese Form der Selbstprüfung nicht furchtbar unangenehm?*
Nicht unbedingt. Wir können rücksichtsvoll mit uns umgehen, weil Gott unsere Fehler besser kennt als wir selbst und uns dennoch grenzenlos liebt. Deshalb öffnen Selbstprüfung und

Schuldgeständnis das Tor zu Gottes Gnade und Barmherzigkeit. „So gibt es nun keine Verdammnis für die, die in Christus Jesus sind" schreibt Paulus – ein früherer Christenverfolger – in Römer 8, 1 (nach Luther). Daher dürfen wir uns bei der Selbstprüfung durch Gottes gnädige Augen sehen und zulassen, dass er die Schleusen seiner Liebe öffnet und unsere Wunden heilt.

## Zum persönlichen Nachdenken

Beantworten Sie diese Fragen so ehrlich wie möglich und besprechen Sie die Antworten in Ihrer Selbsthilfegruppe oder mit einer Person Ihres Vertrauens.

- Wenn Sie weiterhin fremdbestimmt leben – wo würden Sie dann in zwanzig Jahren stehen?
- Erinnern Sie sich an ein kurz zurückliegendes Erlebnis, das Sie aufwühlte, und arbeiten Sie folgende Fragen durch:
  - Wie habe ich mich gefühlt? Ängstlich? Voll Abscheu? Voll Hoffnung? Oder wie sonst?
  - Was habe ich gedacht?
  - Warum habe ich mich so gefühlt? Lag es an alten Rollen, verzerrten Vorstellungen?
  - Deckten sich diese Gefühle mit der Realität? Gehen Sie das Ereignis in Gedanken noch einmal durch.
- Was kann ich in Zukunft anders machen? Schreiben Sie verschiedene Möglichkeiten auf.

# Kapitel 12
## Wir hören in uns hinein

Je mehr wir in der Selbstprüfung geübt sind, desto feinfühliger nehmen wir unsere inneren Stimmen wahr. Vielleicht hören wir Stimmen der Angst und des Zorns, die lange Zeit unterdrückt waren. Jetzt können wir uns entscheiden – wir können sie weiter blockieren oder im Frieden der Gegenwart Gottes auf sie hören.

## Hilferufe aus der Tiefe

Unsere inneren Stimmen mögen uns manchmal dumm oder egoistisch vorkommen. Aber wir können uns in den Psalmen damit wieder finden. Während wir diese Stimmen beschämt verbergen, wenden sich die Psalmbeter damit direkt an Gott.

Vielleicht finden Sie sich mit Ihren innersten Bitten in den folgenden biblischen Texten wieder:

Bitte sorge für mich! Beschütze mich! Zeige mir, dass du mich liebst!

*„In meiner Verzweiflung schrie ich zum Herrn,*
*zu ihm, meinem Gott, rief ich um Hilfe.*
*Er hörte mich in seinem Tempel,*
*mein Hilferuf drang durch bis an sein Ohr ...*
*Vom Himmel her griff seine Hand nach mir,*
*sie fasste mich und zog mich aus der Flut,*
*entriss mich meinem mächtigen Feind,*
*den überstarken Gegnern, die mich hassten ...*
*Rings um mich machte er es weit und frei.*
*Er liebt mich, darum half er mir"* (aus Psalm 18).

Bitte zeige mir, dass du dich an mir freust! Dass ich dir viel bedeute!
*„Der Herr, dein Gott, ist in deinen Mauern, er ist mächtig und*
*hilft dir. Er hat Freude an dir, er droht dir nicht mehr, denn er*
*liebt dich; er jubelt laut, wenn er dich sieht"* (Zephanja 3, 17).

Bitte trockne meine Tränen!
*„ Von Tränen werden mir die Augen blind,*
*es brennt und tobt in meinen Eingeweiden ...*
*Wie ein Bach, der nie zur Ruhe kommt,*
*strömen meine Tränen, ohne zu versiegen,*
*bis der Herr sich vom Himmel herabneigt*
*und seinen Blick wieder auf uns richtet"*
(Klagelieder 2, 11; 3, 49.50).

Kannst du etwas Besonderes tun, um mir zu zeigen, wie wichtig
ich dir bin?
*„ Vor den Augen meiner Feinde*
*deckst du mir deinen Tisch;*
*als Gast nimmst du mich bei dir auf*
*und füllst mir den Becher randvoll.*
*Deine Güte und Liebe umgeben mich*
*an allen kommenden Tagen;*
*in deinem Haus darf ich nun bleiben*
*mein Leben lang"* (Psalm 23, 5.6).

Hilfe – etwas ist ganz und gar nicht in Ordnung!
*„Wach auf, Herr! Warum schläfst du?*
*Wach endlich auf, verstoß uns nicht für immer ...*
*Erniedrigt liegen wir am Boden,*
*kraftlos hingestreckt in den Staub.*
*Greif ein und hilf uns, mach uns frei!*
*Wir berufen uns auf deine Treue!"*
(Psalm 44, 24.26.27)

Wenn wir so frei geworden sind, diese schmerzvollen Hilferufe in
unserer Selbstprüfung an Gott zu richten, empfinden wir Gottes
unveränderliche Liebe zu uns tiefer als vorher. So kann die Aussa-

ge in Jeremia 31, 3 auch für uns Realität werden: „Der Herr sagt: Ich habe nie aufgehört, dich zu lieben. Ich bin dir treu wie am ersten Tag."

Obwohl Gott Menschen gebraucht, um unsere Sehnsucht nach Liebe zu stillen, gehört zur Nachfolge Jesu, dass wir von ihm die Stillung unserer tiefsten Bedürfnisse erwarten. Wir können uns auf nachstehende Fundamente stützen:

● Gott liebt uns, selbst wenn wir uns ungeliebt fühlen.
● Gott kümmert sich umfassend um uns, selbst wenn jemand, der uns nahe steht, stirbt oder wir unsere Arbeit verlieren.
● Gott freut sich, eine Beziehung zu uns zu haben.

## Kindliches Verlangen

Gott, unser Vater, ermutigt uns, mit unserem kindlichen Verlangen zu ihm zu kommen. Aber auch unser kindisches Verlangen sollten wir nicht übersehen.

Teilweise sind unsere Gefühle kindisch, weil sie die Ungeduld von Kindern widerspiegeln, die nie gelernt haben, auf etwas warten zu können. Wir verlangen Bedürfnisbefriedigung auf der Stelle. Vielleicht haben wir dieses Verhalten von unserer Umwelt übernommen, die Misserfolg nicht toleriert, oder von ständig mehr fordernden Eltern.

Als Erwachsene erschrecken wir nun davor, dass diese Anteile in uns aktiv sind. Wir versuchen, sie hinter dem religiösen Selbst zu verbergen und spielen nach außen das „Liebkind". Doch trotz dieses sorgfältigen Versteckens kann uns ein Vorfall bei der Arbeit oder in der Gemeinde so aufregen, dass wir explodieren. Die anderen sind dann verblüfft und begreifen nicht, was mit uns los ist.

Diese tyrannischen Anteile in uns können sich wie folgt bemerkbar machen:

Ich tue alles, damit die anderen mich mögen.
Ich tue alles, damit die anderen auf mich aufmerksam werden.
Ich tue alles, damit sich jemand um mich kümmert.

Mit dieser Grundeinstellung machen wir andere Menschen unseren Wünschen gefügig, sie werden unsere Opfer. Unsere Bedürfnisse aus der Kindheit oder nach einer Scheidung sind wie ein Fass ohne Boden. Wir fühlen uns berechtigt, so viel Liebe und Aufmerksamkeit wie möglich von anderen zu fordern.

Manchmal gehen wir in Gedanken mit uns um wie unsere tyrannischen Eltern, nur dass wir zu uns noch härter sind. Wir bezeichnen uns selbst als Idioten oder setzen uns herab: „Du bist ja schlimmer als …!"

Wenn wir jedoch beginnen, auf unser wahres Selbst zu hören, kommt es darauf an, den tyrannischen Tendenzen in uns nicht nachzugeben. Stattdessen sollten wir weise und konstruktiv mit ihnen umgehen, indem wir unsere Motive freundlich-geduldig hinterfragen: Muss ich unbedingt immer recht behalten? Muss es immer nur nach meiner Nase gehen? Bin ich wieder dabei, andere zu manipulieren?

## Vielleicht fragen Sie …

● *Ist es nicht selbstsüchtig, mich derartig auf mich selbst zu konzentrieren?*

Wenn wir uns nicht mit uns selbst befassen, werden wir zu Opfern unserer Vergangenheit, ohne dies zu merken. So wie wir Unkraut ausreißen, damit es die Pflanzen nicht überwuchert, beseitigt Gott unseren Schmerz, damit Heilung geschehen kann.

In der Stille vor Gott können wir erkennen, wer wir wirklich sind und welche Motive uns antreiben. Wir nehmen die widerstreitenden Stimmen in uns wahr: Tue alles Erdenkliche, damit du dich geliebt fühlst! Tue alles, um Aufmerksamkeit zu erlangen!

Die Hauptfrage hierbei ist nicht: „Was ist mit meinen Bedürfnissen?", sondern: „Was geht in meinem Innern vor und was will Gott daraus machen?" Dieser Prozess wäre nur dann selbstsüchtig, wenn wir anstrebten, uns selbst zu beweihräuchern, um von anderen bewundert zu werden. Unser Ziel ist aber, Gott und die Verbindung zu ihm zu finden. So wächst mit der Zeit in Wort und Tat die Frucht des Geistes.

# Zum persönlichen Nachdenken

Beantworten Sie diese Fragen so ehrlich wie möglich und besprechen Sie die Antworten in Ihrer Selbsthilfegruppe oder mit einer Person Ihres Vertrauens.

- Welche der folgenden Bitten sprechen Sie besonders an?
  - Bitte sorge für mich! Beschütze mich! Zeige mir, dass du mich liebst!
  - Bitte zeige mir, dass du dich an mir freust! Dass ich dir viel bedeute!
  - Bitte trockne meine Tränen!
  - Kannst du etwas Besonderes tun, um mir zu zeigen, wie wichtig ich dir bin?
  - Hilfe – etwas ist ganz und gar nicht in Ordnung!

- Lesen Sie die in diesem Kapitel genannten Bibelstellen, die diesen Bitten zugeordnet sind. Schreiben Sie auf, wie Gott zu Ihnen spricht, wenn Sie sie betend lesen.

- Mit welcher der nachstehenden Stimmen identifizieren Sie sich am meisten?
  - Ich tue alles, damit die anderen mich mögen.
  - Ich manipuliere Menschen, damit sie sich um mich kümmern.
  - Ich tue alles, damit die anderen auf mich aufmerksam werden.

- Welche anderen Stimmen nehmen Sie in sich und in anderen wahr, wenn diese sich wie kindische Tyrannen aufführen?

# Kapitel 13
## Wir brauchen die anderen

Eine der größten Hilfen in dem Prozess, unseren inneren Stimmen mutig auf die Spur zu kommen, besteht darin, anderen zuzuhören, die sich bemühen, ihre innersten Motive wahrzunehmen. Oft kleiden sie ihre inneren Stimmen in Worte. Diese Stimmen entsprechen unseren eigenen, die wir nicht näher zu erforschen wagten.

Wenn Sie nicht weiterlesen und sich nur an die bisher von uns gegebenen Empfehlungen halten, wird sich bei Ihnen wahrscheinlich nur wenig ändern. Denn wir brauchen die anderen, nicht nur um uns selbst besser erkennen zu können, sondern auch um Heilung zu finden. Heilung geschieht, wo wir Gemeinschaft finden. Gemeinschaft bedeutet, sich mit anderen zu einem gemeinsamen Ziel zusammenzuschließen.

In der Gemeinschaft üben wir neue Verhaltensweisen ein. Wir entwickeln Beziehungen, die Gottes Liebe widerspiegeln und in denen wir ungezwungen reden, vertrauen und fühlen können.

Andere in unseren inneren Prozess einzubeziehen mag befremdlich klingen. Doch neue Einsichten allein genügen nicht zur Änderung der Persönlichkeit, weil der menschliche Geist nicht wie ein Computer arbeitet, der nur neu programmiert werden muss. In Wirklichkeit sind wir mehr als die Summe unserer grauen Zellen, wir bestehen aus Gefühlen, Wünschen, aus Geist und Körper. Es genügt nicht, zum Beispiel etwas über Gerechtigkeit zu lesen, um es dann umzusetzen. Im Gegenteil, das Lesen kann uns ein lähmendes Schuldgefühl einimpfen. Wir müssen darüber nachsinnen und das neue Wissen in unser Herz aufnehmen. Das sollten wir an einem geschützten Ort tun.

## Gelegenheiten zur Gemeinschaft suchen

Wie finden wir aber Gemeinschaft mit anderen, wenn wir uns abgesondert haben und Menschen misstrauen? Günstig ist eine solche Gemeinschaft innerhalb der Kirchengemeinde. Doch es gibt Menschen, die sich dort überwacht fühlen. Leider trifft das auch manchmal zu. Dennoch können wir in der großen Gemeinde durch Freundschaften oder in Kleingruppen einen sicheren Ort finden, um von Verleugnung, Schuldzuweisungen, Absonderung und Handeln im Zorn geheilt zu werden. Bei den Gruppen kann es sich um Selbsthilfegruppen, Jüngerschaftskurse, Bibelkurse oder Mitarbeiterteams handeln, wenn sie Charakterveränderung zum Ziel haben. Unabdingbare Voraussetzungen hierbei sind Vertrauensschutz und Aufrichtigkeit.

## Vertrauensschutz

Dieser gewährleistet, dass wir unsere schlimmsten Geheimnisse preisgeben können ohne Furcht vor Indiskretion. Vertrauen kann sich nur bilden, wenn sämtliche Einzelheiten geheim bleiben.

Das vertrauensvolle Zuhören bedeutet, aufeinander zu hören, ohne den anderen festzunageln. Wir äußern keine Meinungen, halten keine Minipredigten, geben keine Ratschläge. Wir mögen erzählen, wie Gott in unserem Leben gehandelt hat, doch wir übertragen das nicht auf unseren Gesprächspartner. Der Heilige Geist wirkt besser als unsere Worte.

Der Vertrauensschutz solcher Beziehungen und Gruppen ermöglicht uns, lange Zeit verborgene Gefühle zuzulassen. In der Rolle des überangepassten Kindes protestierte Anita niemals, obwohl sie mit einem herrschsüchtigen Ehemann und zwei aufsässigen heranwachsenden Söhnen zusammenlebte. Im Schutz einer Selbsthilfegruppe erlebte sie zum ersten Mal, was Wut bedeutet. Sie berichtet:

*Einige Teilnehmerinnen berichteten, wie hart ihre Väter mit ihnen als Kinder umgegangen waren. Ich dachte: „Was ist ihr Problem? Warum haben sie nicht protestiert?"*

*Dann erwähnte ein Teilnehmer einen Ausdruck, den mein Vater auch oft gebraucht hatte. Unwillkürlich musste ich laut seufzen. Das passte gar nicht zu mir, weil ich immer still war. Alle sahen mich erstaunt an.*

*Die Leiterin fragte mich: „Möchtest du als Nächste drankommen?"*
*Einige Minuten lang brachte ich kein Wort heraus. Ich hatte*
*einen Riesenfrosch im Hals. Tränen rannen mir übers Gesicht.*

*Dann ballte ich meine Hand zur Faust und schlug damit aufs*
*Knie. „Warum sprach mein Vater so mit mir?", stieß ich hervor.*
*„Ich war doch völlig in Ordnung. Ich gab ihm nie Widerworte wie*
*meine Schwester!" Ich konnte nicht aufhören zu weinen und minu-*
*tenlang sagte niemand etwas.*

*So hatte ich mich vorher noch nie in der Gruppe geäußert.*
*Anschließend sprachen mich einige Teilnehmerinnen an und trös-*
*teten mich.*

Anita schien selbst hier ihre Wut nicht angemessen zu äußern –
aber sie konnte nicht anders. Abends ging sie ihre Kindheit noch
einmal durch und erinnerte sich auch an sexuellen Missbrauch.
Dabei strampelte sie unkontrollierbar mit den Beinen. Wut war ihr
so fremd, dass nur ihr Körper reagierte. Sie handelte nach der unge-
schriebenen Regel ihrer Familie: „Sei niemals wütend!" Doch dann
wurde ihr klar, dass sie hiermit nur fertig werden konnte, wenn sie
das nächste Mal in der Gruppe darüber sprach. Anita fährt fort:

*Weil ich mich nicht so ausdrücken konnte wie die anderen, schrieb*
*ich es in ein geheimes Tagebuch. Nachdem ich es in der nächsten*
*Gruppenstunde vorgelesen hatte, fing ich an zu weinen und meine*
*Nachbarin nahm mich in den Arm. Das hatte ich nie vertragen –*
*aber an diesem Abend legte ich den Kopf auf die Schulter meiner*
*Nachbarin und weinte minutenlang.*

*Das war mein Wendepunkt. Nach und nach fasste ich Vertrauen*
*zu Menschen. Ich konnte aussprechen was ich dachte, ohne Angst*
*davor, angegriffen zu werden. Ich konnte mich umarmen lassen,*
*ohne es gleich abzulehnen.*

## Aufrichtigkeit

Vor und nach dem Gottesdienst unterhalten sich die Besucher gern
über Neuigkeiten, das Wetter und Sportergebnisse. Aber es ist für

uns alle schwierig, über unseren Glauben und unsere Gefühle zu sprechen. Der Autor Curt berichtet über eins seiner ersten Erlebnisse in der Selbsthilfegruppe:

*Alles lief glatt, bis mein Nachbar (ich nenne ihn Dieter) sagte: „Ich hasse Gott!"*

*Ich war schockiert. Doch die anderen schienen es nicht tragisch zu nehmen, und als Friedensstifter lächelte ich Dieter an und dachte: „Er ist wenigstens ehrlich."*

*Ich empfand, wie unpassend diese Äußerung in einem Gemeinderaum war. Insgeheim war ich zwar auch wütend auf Gott, hatte das aber nie laut zugegeben – erst recht nicht in einem Gemeinderaum!*

*Gegen Ende des Treffens brach Dieter in Tränen aus. Er erklärte, dass Gott – vertreten durch seine Eltern – sich ihm nie zugewandt hatte. „Meine Eltern waren so kaltherzig", sagte er. „Sie haben mir nie gesagt, dass sie mich lieb haben. Ich fühlte mich allein und verlassen. Sie gaben mir Geld und alles, was ich brauchte, nahmen mich aber nie in den Arm oder berührten mich. Ich war kein schlechtes Kind. Es war ungerecht, dass sie mich so links liegen ließen."*

*Ich merkte, dass etwas Entscheidendes vorging. Hier waren ehrliche Leute, die ehrliche Gefühle äußerten und dabei von ihren Mitchristen akzeptiert wurden. Als ich an die Reihe kam, murmelte ich, dass ich vielleicht auch mal sauer auf Gott war. „Manchmal verstehe ich nicht, wie er handelt", sagte ich.*

*Während ich noch redete, fiel mir die Bibelstelle ein, dass niemand Gott verstehen kann: „Meine Gedanken sind nicht eure Gedanken" (Jesaja 55, 8). Mir ging zu meiner Erleichterung auf, dass ich akzeptieren konnte, Gott nicht begreifen zu müssen. Das endlich war der Anfang einer echten Gottesbeziehung.*

Dieter hätte seinen Zorn auf Gott leicht verdrängen und sich vom Glauben abwenden können. Stattdessen fand er eine Gelegenheit, darüber zu reden. Sein Wunsch, Gott näher zu kommen, war der erste Schritt zu der Einsicht, dass Gott ihn liebte. (Wir plädieren hier nicht dafür, respektlos von Gott zu reden. Es ist aber wichtig, sich negativen Gefühlen zu stellen, damit die Gottesbeziehung geheilt werden kann.)

Wir kommen auf das obige Beispiel zurück. Curt war verblüfft über die Reaktion der Gruppe auf Dieters Äußerungen:

*Die Teilnehmer reagierten nicht so, als ob Dieter schlechter als sie selbst wäre, weil er gesagt hatte, er hasse Gott. Diese Ehrlichkeit und Annahme schuf eine Atmosphäre, in der jeder reden, Vertrauen entwickeln und Gefühle zeigen konnte. Die Teilnehmer fühlten sich wertgeschätzt und zudem geehrt, anderen beim Eingeständnis ihrer Schwierigkeiten zuhören zu dürfen.*

Können Sie sich vorstellen, wie entsetzt viele Gemeindeglieder wären, wenn einer von ihnen gestehen würde, dass er Gott hasst? Dieter fürchtete, dass darauf etwa so reagiert werden würde: „Ich werde für dich beten" oder: „Lass uns mit dem Pastor darüber sprechen" oder gar: „Der Satan ist in dir. Rufe den Sieg Christi aus!"

Deshalb sagte Dieter in seiner Gemeinde nichts. Er saß in vielen Gottesdiensten und fürchtete zu explodieren, weil er nicht wusste, wohin mit seiner Not. Er hätte einen Mitchristen gebraucht, der ihm zugehört hätte und ihm mit Gottes bedingungsloser Liebe begegnet wäre. Platitüden wie „Du solltest mehr beten und mehr in der Bibel lesen" wären da so fehl am Platz wie ein kleines Heftpflaster auf einer tiefen Stichwunde.

Wer diese aufrichtige Anteilnahme erlebt hat, weiß von ihrer heilenden Wirkung. Wir bekommen wieder Luft zum Atmen, weil wir Gottes Handeln in unserem Leben erkennen. So können wir neues Vertrauen zu ihm finden.

## Vielleicht fragen Sie ...

● *Ich habe keine Verbindung zu einer Gemeinde. Was kann ich tun, um die von Ihnen beschriebene Gemeinschaft zu finden?*
Bleiben Sie mit Menschen in Verbindung, die Sie schon kennen. Frühere enge Freunde können hilfreich sein, auch wenn das eine weite Anreise oder Ferngespräche bedeutet. Außerdem sollten

Sie diese Sehnsucht nach Gemeinschaft Gott hinlegen und feinfühlig auf Impulse achten, die Sie bei Ihrer intensiven Suche nach einem Freund oder einer Selbsthilfegruppe empfangen. Wenn Sie zu einem Gruppenteilnehmer Vertrauen fassen, unterhalten Sie sich nach einem Gruppentreffen noch eine Weile oder laden Sie ihn zu einer Tasse Kaffee ein.

Bei der Suche nach einer Gemeinde sollten Sie sich vorher informieren über deren Struktur, Lehre, Gestaltung der Gottesdienste und Kleingruppen.

- *Ich habe jemandem vertraulich ein persönliches Geheimnis mitgeteilt. Dieser hat es in eine Gemeindegruppe eingebracht, damit sie darüber beten könnten. Wie kann ich überhaupt noch jemandem vertrauen?*
Suchen Sie sich sehr sorgfältig die Menschen aus, denen Sie sich anvertrauen wollen. Fragen Sie zuerst an, ob Sie sich öffnen dürfen. Erwähnen Sie Ihre schlechte Erfahrung und dass Sie niemand mit einer vertraulichen Mitteilung überfordern wollen. Erläutern Sie, was Sie unter Vertraulichkeit verstehen – auch dass Ihr Zuhörer weder seine Ehefrau noch eine Gebetsgruppe einweihen soll.

Machen Sie sich auch klar, dass die Person, die Ihr Vertrauen missbraucht hat, Sie höchstwahrscheinlich nicht vorsätzlich verletzen wollte. Es empfiehlt sich, dieser Person mitzuteilen, was sie bei Ihnen angerichtet hat.

## Zum persönlichen Nachdenken

Beantworten Sie diese Fragen so ehrlich wie möglich und besprechen Sie die Antworten in Ihrer Selbsthilfegruppe oder mit einer Person Ihres Vertrauens.

- Welcher Bericht in diesem Kapitel – der von Anita oder von Dieter – spricht Sie mehr an? Bei welchem Bericht wäre Ihnen das Zuhören schwerer gefallen? Warum?
- Haben Sie Personen Ihres Vertrauens oder den Schutz einer Selbsthilfegruppe? Was können Sie tun, um diese bestehenden Verbindungen zu vertiefen?

- Wie schätzen Sie sich selbst als Zuhörer ein? Antworten Sie mit oft – manchmal – kaum – nie.
  - Ich versuche, ohne Vorurteile zuzuhören.
  - Ich halte mit meiner Meinung zurück.
  - Ich vermeide es, Minipredigten zu halten.
  - Ich achte darauf, dass meine eigenen Gefühle als „Fürsorger" oder „Friedensstifter" mir beim Zuhören nicht in die Quere kommen.
  - Ich bete für einen Menschen, wenn es ihm schwerfällt, mir etwas anzuvertrauen.
- Schreiben Sie ein Gebet, in dem Sie Ihre Sehnsucht nach Gemeinschaft ausdrücken.
- Wenn Sie Schwierigkeiten haben, einen Menschen oder eine Gruppe Ihres Vertrauens zu finden: beten Sie darum. Gehen Sie dann auf einen Menschen oder eine Gruppe zu, um herauszufinden, ob Gott Ihre Bitte so erhört.

# Kapitel 14
## Wir bekennen, wer wir wirklich sind

„Die Gemeinde ist kein Hotel für Heilige, sondern ein Krankenhaus für Sünder" hat jemand gesagt. Wir neigen aber dazu, uns in der Gemeinde wie „brave Kinder" zu geben. Doch eine echte Gemeinschaftsatmosphäre entsteht, wenn auch „unpassende" Gefühle ausgesprochen und akzeptiert werden können. Durch das Bekennen unserer Fehler anderen gegenüber lernen wir, frei zu reden, Vertrauen aufzubauen und Gefühle zu äußern.

Doch mit diesem offenen Bekennen ist es in den Gemeinden nicht weit her. Wie lässt sich das ändern?

## Vertrauenswürdige Zuhörer finden

Worum geht es beim Bekennen? Es ist das gegenseitige Zugeben eines Fehlers, eines Gedankens oder eines Gefühls, auf das wir nicht gerade stolz sind. Das kann in Bibelhauskreisen, Jüngerschaftsgruppen oder verlässlichen Beziehungen geschehen. Beim Aufspüren eines vertrauenswürdigen Zuhörers gelten die im letzten Kapitel erwähnten Gesichtspunkte.

Ein guter Zuhörer ist sich seines eigenen Versagens bewusst und macht sich klar, dass ihm morgen das Gleiche unterlaufen könnte, was Sie ihm heute bekennen. Wenn er antwortet, ist das ermutigend und nicht verurteilend. Auf der anderen Seite wischt er Fehler nicht einfach vom Tisch im Sinne von „Das tut doch jeder ab und zu". Sie glauben daran, dass Gottes Kraft Sie verändern kann.

Um einen vertrauenswürdigen Zuhörer zu finden, empfiehlt sich nachstehendes Vorgehen.

**Ausschau halten nach Aufrichtigkeit und Vertrauenswürdigkeit.** Als Carla entdeckte, dass ihr Mann, mit dem sie seit zwanzig Jahren verheiratet war, sich heimlich bisexuell betätigte, hasste sie ihn. Carla brauchte jemanden, der ihr helfen konnte, diese schreckliche Entdeckung zu verkraften und dem sie ihren Hass bekennen konnte. Sie entschied sich für ihre Bibelkreisleiterin Martha, und zwar aus zwei Gründen: Martha gab den Teilnehmern gegenüber öfter ihre eigenen Fehler zu und sie war eine Frau des Gebets.

**Testen Sie die Gruppe.** Reden Sie über weniger schwer wiegende Dinge und beobachten Sie, wie die Teilnehmer reagieren. Als Paula zum erstenmal in eine Selbsthilfegruppe ging, war sie misstrauisch, ob sie dort akzeptiert werden würde. Um die Gruppe zu testen, erwähnte sie, wie schlecht sie sich fühlte, weil sie vorher ihre Kinder angeschrien hatte.

Die Reaktionen waren verständnisvoll und niemand sagte ihr: „Du solltest mal dieses Buch lesen ..." Noch bevor sie ging, vereinbarte sie mit einer anderen Mutter, gegenseitig füreinander zu beten und sich zur Ermutigung anzurufen.

**Erinnern Sie sich an frühere Meinungsäußerungen anderer.** Als Robert sich von seiner Frau scheiden ließ, gingen beide auch nicht mehr in die Gemeinde. Doch als er von einem Ehepaar aus der Gemeinde zum Essen eingeladen wurde, nahm Robert die Einladung an. Er sprach mit ihnen offen über das Scheitern seiner Ehe und auch über seine Schuldanteile. Er sagte ihnen, sie seien für ihn vertrauenswürdig. Er habe vor ein paar Jahren mitbekommen, dass die Gastgeberin darunter leide, wie hart andere mit geschiedenen Freunden umgingen.

## Eigene Schuld eingestehen

Wir geben unsere Fehler nicht gern zu weil sie oft mit Schuld verbunden sind. Und es kann schwierig sein herauszufinden, warum genau man sich schuldig fühlt. Die „Fürsorger" unter uns nehmen gleich den größten Teil der Schuld auf sich. Wenn wir unsere Fehler zugeben, müssen wir für unseren Anteil geradestehen – und nicht mehr.

Wenn Sie zum Beispiel von jemandem angeschrien werden, sind Sie nur für Ihre Reaktionsweise verantwortlich. Wenn Sie ohne

Schärfe reagieren – selbst wenn das berechtigt wäre –, tragen Sie keinerlei Verantwortung dafür, dass der andere Sie so angefahren hat. Falls Sie den anderen vorher gereizt haben, sollten Sie das zugeben und sich dafür entschuldigen.

Die Schuldgefühle sind unzutreffend, wenn wir für etwas den Kopf hinhalten, was wir gar nicht getan haben. Bei echter Schuld erkennen wir unser Fehlverhalten und müssen uns entschuldigen. Falsche Schuldgefühle oder Scham vermitteln uns die schlimme Empfindung, wir seien durch und durch moralisch schlecht. Diese Empfindung verseucht unsere Gedanken: Ich habe nicht nur einen Fehler gemacht, ich selbst bin schlecht. Wenn etwas schief läuft, bin ich schuld.

So beeinträchtigen wir unser Selbstwertgefühl. Mehr noch: falsche Schuldgefühle verdrängen wirkliche Schuld. Wenn wir dann in Scham versinken, können wir das von wirklicher Schuld nicht mehr unterscheiden und folglich auch nichts gestehen und Vergebung finden. So kommt es nie zur Befreiung.

Beim Schuldbekenntnis sprechen wir klar unseren Schuldanteil an. Wenn wir unseren Anteil nicht erkennen, können wir den Vorfall mit einem Freund durchsprechen und Gott bitten, uns Klarheit zu schenken. Dann gestehen wir unsere Schuld ein und kümmern uns nicht um den Schuldanteil des anderen.

## Verbindlichkeit

Das Bekennen unserer Fehler vor einem Menschen unseres Vertrauens bietet den großen Vorteil, dass eine gewisse Verbindlichkeit besteht. Wir überlegen uns doppelt, ob wir ein und denselben Fehler noch mal machen. Denn wir müssten ihn dann ja ein zweites Mal bekennen. Dem Menschen unseres Vertrauens oder der Gruppe gegenüber fühlen wir eine Verbindlichkeit, die gut für uns ist.

Wir können noch einen Schritt weitergehen und sagen: „Wenn ich in Versuchung bin, zu ..., rufe ich dich an."

Wenn wir eine solche Verbindlichkeit eingehen, sollte sich diese auf sinnvolle und praktische Maßnahmen beziehen, um unsere Verhaltensweise zu ändern. – Charlotte berichtet:

*Ich fühlte mich zu einem verheirateten Mann hingezogen. Ich schämte mich, konnte es aber nicht ändern. Daraufhin gestand ich das Regina, einer älteren Freundin. Sie gab zu, dass sie das auch schon erlebt hatte.*

*„Was willst du jetzt machen?", fragte sie mich.*

*„Ich muss mit den Fantasien aufhören!"*

*„Ist das im Moment denn überhaupt möglich?", kam ihre nächste Frage. Ich musste zugeben, es war nicht möglich.*

*„Könnte es dir vielleicht helfen, deine Fantasien durch eine andere Tätigkeit zu ersetzen?", fragte Regina. „Ich habe damals versucht, für den Mann zu beten, statt mich in Fantasien zu ergehen. Ich konnte beim besten Willen nicht beides zugleich tun!"*

*Reginas Vorschlag gefiel mir. Ich sprach mit ihr auch darüber, warum ich mich zu diesem Mann hingezogen fühlte. Wir fanden heraus, dass es wohl mit den Schwierigkeiten in meiner Ehe zu tun hätte. Mein Mann und ich arbeiteten an unserer Beziehung, aber ich kam mir oft ungeliebt vor.*

*„Wie wäre es, wenn ich darüber nachdenken würde, wie sehr Gott mich liebt, statt zu fantasieren?", fragte ich Regina. Sie fand das gut und gab mir die Aussage in Psalm 147, 11 mit: „Gott hat seine Freude an Menschen, die ihn ehren und mit seiner Güte rechnen." Ich vereinbarte mit ihr, sie jeden zweiten Tag anzurufen, und sie versprach, für mich zu beten. Nach ungefähr einer Woche waren die Fantasien überwunden und ich konnte mich wieder ganz für meine Ehe einsetzen.*

Dieser Gedankenaustausch war für Charlotte in mehrfacher Hinsicht hilfreich:

- Regina hörte Charlotte zu, ohne sie zu verurteilen.
- Regina räumte ein, die gleiche Versuchung erlebt zu haben.
- Regina machte einen Vorschlag, ohne darauf zu bestehen, dass Charlotte ihn annahm. So konnte Charlotte den Vorschlag quasi als Sprungbrett nutzen, um Gottes Weisung für sie herauszufinden.
- Charlottes Ziel war selbstgesteckt und erreichbar. Sie versprach nicht, mit den Fantasien aufzuhören, sondern nur, ihren Gedanken eine andere Richtung zu geben.

- Charlotte sagte Regina zu, sie auf dem laufenden zu halten. Regina versprach ihr, für sie zu beten.

## Wie Bekennen in der Gemeinschaft hilft

Das Bekennen hilft uns, die Botschaften zu erkennen, die wir unbewusst aussenden. Das Durcharbeiten der Vergangenheit befreit uns mehr und mehr von früher erlernten Verhaltensweisen. Auf der Grundlage unseres wahren Selbst können wir neue Entscheidungen treffen.

**Das Bekennen befreit von Angst.** Wenn Schuldgefühle ans Licht kommen, können sie uns nicht mehr beherrschen. Denn gerade die Geheimhaltung macht sie so übermächtig. Das Bekennen vermindert Angst und Verlassenheitsgefühle.

**Das Bekennen stärkt uns.** Wenn wir das Geheimnis preisgegeben und erfahren haben, dass wir trotzdem angenommen sind, verliert das verborgene Verhalten oder Gefühl den schrecklichen Zugriff auf uns. Verborgene Zweifel über Gottes Zuwendung, verborgene Angst, dass wir niemals Annahme und Anerkennung finden, verborgene Wut, dass das Leben so enttäuschend ist, verlieren sich.

**Das Bekennen kann Zuneigung auslösen.** Freunde und Teilnehmer von Selbsthilfegruppen können zu physischen „Armen" Gottes werden, die uns vermitteln, dass wir geliebt und wertgeschätzt sind.

**Das Bekennen hilft, den „Tyrannen" in uns in die Schranken zu weisen.** Wir entdecken während der Gruppensitzung unsere Ungeduld: Der Teilnehmer nervt mich, er sollte seinen Mund halten – machen uns aber sofort klar: Das ist eine übertriebene Reaktion! Oder wir haben Anwandlungen wie: Ich könnte sie umbringen – beruhigen uns dann aber: Ich meine das ja gar nicht so, sie hat mich nur irritiert. Wir schalten sozusagen unsere Gefühlsaufwallungen herunter und versuchen, anderen mit der gleichen Nachsicht und Milde zu begegnen die wir selbst erwarten.

Trotz all dieser Vorteile fällt uns Verbindlichkeit nicht leicht. Die ersten Eingeständnisse von Fehlern vor anderen kommen uns wie ein innerer Vulkanausbruch vor. Später ist das eher wie ein Nadelstich und steht in keinem Verhältnis zu der Riesenbefreiung, die daraus resultiert. Wenn Sie sich einmal an ein reines Gewissen gewöhnt haben, belastet Sie ein festgehaltenes Geheimnis wesentlich mehr als ein Schuldbekenntnis.

## Ängste, die uns zurückhalten

Es ist normal, sich vor der Offenlegung von Fehlern und Verletzungen zu fürchten.

**Die Angst, abgewiesen zu werden.** Die größte Angst beim Bekennen ist die Furcht, dass der Zuhörer schlecht von uns denken und uns abweisen könnte. Doch viele Menschen haben die gleichen Anwandlungen wie wir und sind erleichtert, wenn sie diese auch bei anderen feststellen. Fälschlicherweise nehmen wir an, nur bei uns sei etwas nicht in Ordnung. Je mehr wir uns öffnen, desto mehr werden andere Menschen uns Vertrauen entgegenbringen.

Tauchen früher erlebte Abweisungen auf, werden wir heute durch vertrauenswürdige Zuhörer umso mehr getröstet.

**Die Angst vor Erinnerungen.** Menschen, die körperliche oder sexuelle Misshandlung erlitten haben, unterdrücken oft die Erinnerung daran aus Angst, traumatische Erlebnisse könnten wieder hochkommen, die sie doch vergessen wollten. Manche Missbrauchsopfer haben bestimmte frühkindliche Erinnerungen aus Selbstschutz derartig blockiert, dass sie nur scheibchenweise zugänglich sind. Manche erinnern sich nur an gewisse Gerüche oder Geräusche, aber Träume und Aussprachen hierüber fördern mehr zutage. Doch selbst dann sind sich viele nicht sicher, ob die Erinnerung stimmt, obwohl viele Einzelheiten auftauchen. Wir können darauf vertrauen, dass Gott uns hilft, uns nur an das zu erinnern, was wir zu einem bestimmten Zeitpunkt auch verkraften können.

Auch Menschen, die nicht misshandelt oder missbraucht worden sind, blenden das Trauma ihrer Kindheit aus. So kann ein Gefühl hochkommen und uns überwältigen – und wir wissen nicht, woher es kommt. Beate besuchte als Erwachsene ihre Eltern, die sie mehrere Jahre nicht gesehen hatte. Sie berichtet:

*Meine Eltern schlugen vor, in demselben Zimmer zu schlafen, das ich als Teenager bewohnt hatte. Als ich dann allein in dem Raum war, überwältigten mich die früheren Gefühle von tiefer Traurigkeit und Hoffnungslosigkeit. Ich erinnerte mich, wie ich als Teenager auf dem Boden meines Zimmers gesessen und mitgehört hatte, wie meine Eltern sich stritten. Damals glaubte ich, niemals inneren Frieden finden zu können. Ich schaltete dann meine Stereoanlage ein, um nichts mehr hören zu müssen.*

*Obwohl ich ja nun erwachsen war, vergrub ich mich ganz tief in mein Kopfkissen. Ich machte mir ohnehin Sorgen um meine derzeitige Arbeitssituation und fühlte mich nun in meinem alten Zimmer noch unsicherer als sonst. In der nächsten Nacht schlief ich unter einem Vorwand in einem anderen Zimmer.*

*Diese Erfahrung war hilfreich, da ich meine Kindheit verleugnet hatte. In der Selbsthilfegruppe, die ich wegen meiner Esssucht besuchte, hatte ich immer so getan, als wäre meine Kindheit gar nicht so schlimm gewesen. Nun wurde mir klar, welche Hoffnungslosigkeit ich als Heranwachsende empfunden hatte. Diese führte zu meiner fixen Idee, dünn sein zu müssen, um von anderen akzeptiert zu werden.*

Es erfordert Mut, den Schmerz mancher Erinnerungen auszuhalten. Wenn wir diese Herausforderung annehmen, erleben wir, dass Gott uns existentiell hält und so liebt, als ob er uns körperlich in den Arm nehmen würde. Er möchte nicht, dass wir für den Rest unseres Lebens blockiert bleiben.

## Wenn andere sich uns öffnen

Wir dürfen uns geehrt fühlen, wenn andere uns Einblick in ihre inneren Abgründe gewähren, weil sie uns vertrauen. Jan erlebte das so:

*Eine allein stehende Freundin, die weit weggezogen war, rief mich*
*unter Tränen an. Während sie nach Worten rang, hörte ich still zu.*
*Schließlich kam heraus: Sie litt unter Einsamkeit und hatte des-*
*halb mit einem Mann geschlafen.*

*Ich unterbrach sie nicht und stellte sie auch nicht zur Rede, was*
*ich früher immer getan hatte. Ich wusste, als tiefgläubige Christin*
*litt sie unter starken Schuldgefühlen.*

*Nachdem sie ihre Beichte losgeworden war, sprachen wir dar-*
*über, wie sehr Gott sie liebte und dass nur er ihre Sehnsucht nach*
*Liebe in dieser fremden Stadt stillen konnte. Und wir besprachen,*
*was sie nun tun konnte. Dann beteten wir zusammen.*

*Nachdem ich eingehängt hatte, dankte ich Gott für diesen Anruf,*
*denn dieser Freundin hatte ich früher viele meiner Fehler gebeich-*
*tet. Ich dankte ihm, dass sie mich aus diesem Anlass angerufen*
*hatte, statt ihre Last allein mit sich herumzuschleppen. Ich dankte*
*ihm für die Ehre, dass ich dieses Bekenntnis entgegennehmen durf-*
*te, und bat um sein Geleit für ihr weiteres Leben. Ich dankte Gott*
*auch für die vielen Menschen, die er mir in den Weg gestellt hatte*
*und die meine Bekenntnisse verständnisvoll und geduldig angehört*
*hatten. Dadurch hatten sie mir einen wichtigen Anschauungsun-*
*terricht für Gottes Gnade und Barmherzigkeit erteilt.*

## Vielleicht fragen Sie ...

- *Wenn wir anderen unsere Schuld bekennen, bedeutet das nicht,*
  *ihnen einfach unsere Last aufzubürden?*

Wenn wir uns öffnen, könnte das so aussehen, weil wir uns sehr
erleichtert fühlen. Aber wenn der Zuhörer ähnliche Erfahrungen
gemacht hat, spüren wir eine Verbindung mit ihm, die unsere
Isolation durchbricht. Der Unterschied liegt darin, dass wir
durch das Bekennen anstreben, im Glauben zu wachsen und zu
reifen. Wir drücken aus: „Das bin ich im Augenblick, aber ich
möchte zu dem werden, was Gott für mich vorgesehen hat."

Kluge Zuhörer und Freunde werden dann wohl fragen: „Was
willst du jetzt tun?" Das ist nicht förmlich als Druck gemeint,
sondern als Impuls auf dem Weg zur Ganzheitlichkeit.

● *Die Bibel sagt, dass Jesus der einzige Mittler zwischen Gott und Menschen ist. Rückt ein Schuldbekenntnis gegenüber Menschen diese nicht an die Stelle Christi?*

Natürlich erhalten Christen Sündenvergebung von Gott durch den Mittler Jesus Christus. Paulus schreibt in 1. Timotheus 2, 5f: „Denn es gibt für alle nur einen Gott, und es gibt nur einen, der zwischen Gott und Menschen die Brücke schlägt: den Menschen Jesus Christus. Er gab sein Leben, um die ganze Menschheit von ihrer Schuld zu befreien."

Über die Form der Sündenvergebung wird hier nichts ausgesagt, aber über die Form der Heilung durch Gott schreibt Jakobus (5, 16): „Bekennt einander eure Sünden und betet füreinander, dass ihr gesund werdet. Des Gerechten Gebet vermag viel, wenn es ernstlich ist" (nach Luther).

Die Beziehung von Christen untereinander basiert auf Gegenseitigkeit und schließt aus, dass ein Christ über dem anderen steht.

## Zum persönlichen Nachdenken

Beantworten Sie diese Fragen so ehrlich wie möglich und besprechen Sie die Antworten in Ihrer Selbsthilfegruppe oder mit einer Person Ihres Vertrauens.

● Wie empfinden Sie die Aussage in Jakobus 5, 16: „Bekennt einander eure Sünden und betet füreinander, dass ihr gesund werdet. Des Gerechten Gebet vermag viel, wenn es ernstlich ist"?

● Wer ist für Sie vertrauenswürdig genug, um bei ihm zu beichten? Warum? Wie würden Sie auf diese Person zugehen?

● Beschreiben Sie Ihr Gefühl der Erleichterung, als Sie feststellten, dass jemand den gleichen Fehler begangen hat wie Sie.

● Worin bestehen Ihre Ängste vor Bekenntnis und Verbindlichkeit? Mit wem könnten Sie darüber sprechen?

# Kapitel 15
## Wir schaffen uns einen geschützten Raum

Auf Gottes Stimme zu hören ist ein Vollzeitabenteuer. Nachstehend einige bewährte Methoden, um Gefühle und Motive herauszufinden, in Worte zu fassen und festzustellen, wieweit sie mit der Realität in Einklang stehen.

## Selbstprüfung im geschützten Raum

Da unsere Gesellschaft Alleinsein negativ bewertet, packen viele Menschen ihre Freizeit so voll wie möglich. Selbstprüfung dagegen setzt – positiv – Alleinsein voraus, um in einem geschützten Raum besonders mit Gott in Verbindung zu sein.

**Lassen Sie Ihren Tränen freien Lauf.** Obwohl in unserer Ellbogengesellschaft Weinen tabu ist, gehört die Freiheit zu weinen zur Selbstprüfung. Ein verbreitetes Vorurteil ist, Weinen sei ein Zeichen von Schwäche und Wankelmütigkeit. Doch in Wirklichkeit kann Weinen Kraft und Festigkeit bewirken, weil Frustrationen losgelassen werden. Forschungsstudien belegen, dass Tränen eines der Selbstreinigungssysteme des Körpers sind. Das erklärt auch, warum Weinen Spannungen beseitigt und uns vor Überschreitung unserer Grenzen bewahrt. Ein lösendes Weinen nimmt den unterschwelligen Druck weg und löst Schmerz, Wut und Angst. Es nimmt der Intensität unserer Selbstprüfung die Spitze und kann sogar Kopfschmerzen und Muskelverspannungen lindern. Weinen bildet eine Vorstufe zu Heiterkeit und Grundvertrauen.

Tränen zeigen oft an, dass unsere Gefühle wieder lebendig werden. Sie tun unserer Seele gut, weil sie wie wortlose Gebete sein können – vielleicht die aufrichtigsten, die wir je gebetet haben. Im Weinen drücken wir Gefühle aus, die wir nicht in Worte fassen können.

Viele ziehen es vor zu weinen, wenn sie allein sind. Aber wenn wir in Gegenwart vertrauter Menschen weinen, kann es sein, dass sie innerlich angerührt und ebenfalls befreit werden. Doch die Tränen, die wir allein in Gottes Gegenwart weinen, können uns zu neuer Hingabe führen.

**Führen Sie ein Tagebuch.** Tagebücher sind geschützte Räume für Bekenntnisse und das Durcharbeiten der existentiellen Fragen „Was fühle ich? Was denke ich? Was soll ich tun?" In der Intimität des Tagebuchs können wir unsere wahren Gefühle ausdrücken. Wir können aufrichtig sein, weil niemand uns das ankreiden kann. Und wir können unsere Aufzeichnungen als Gebet formulieren.

Beim Durchlesen können wir auch feststellen, ob wir jemandem eine Schuld zugeschoben oder Gefühle verleugnet haben. Dann können wir das korrigieren. Je ehrlicher wir in diesem Tagebuch sind, desto echter wird unsere Beziehung zu Gott.

Hier ein Ausschnitt aus Curts Tagebuch:

*Heute traf ich mich mit Rainer. Als wir uns das letzte Mal trafen, lief so viel schief in seinem Leben, dass er davon ganz erschlagen war. Ich dachte damals ziemlich überlegen: Wie gut, dass es mir nicht so geht wie ihm! Jetzt ist es genau umgekehrt: Ich bin am Kämpfen und er hilft mir. Herr, lass mich weiter lernen, was Demut und wahre Freundschaft bedeutet. Ich hoffe, dass ich meine Lektion gelernt habe, aber wahrscheinlich muss ich weiterlernen.*

Viele scheuen vor einem Tagebuch zurück, weil sie es mit zu vielen Vorbedingungen belasten. Entscheidend ist nicht die Handschrift oder die Rechtschreibung, sondern der unverfälschte Inhalt. Wir brauchen es nicht täglich zu schreiben, sondern nach Bedarf wöchentlich, vierzehntäglich oder monatlich. Wir sollten dabei spontan bleiben.

Vielen ist es eine Hilfe, das Tagebuch zum Beispiel im Lieblingssessel zu führen. Studien belegen: Je individueller das Vorgehen, desto stärker die Wirkung. Stellen Sie sicher, dass Sie nicht durch unerwünschte Geräusche, Gerüche oder optische Eindrücke gestört werden können. Wenn Sie annehmen, jemand könnte sich für Ihr Tagebuch interessieren, schließen Sie es ein.

## Beten als Lebensqualität

Gebetslisten sind immer hilfreich. Wir können uns aber auch die Freude gönnen, anhaltend zu beten. Wir steigen im Laufe des Tages ständig ins Gebet mit Worten ein oder aus und wärmen uns in der Liebe, dem Trost und der Gegenwart Gottes, der uns nie im Stich lässt. Im Wartezimmer eines Arztes haben wir die große Chance, uns wieder an unsere stärkste Quelle der Liebe und Ermutigung anzuschließen. Ein Gespräch mit einem Freund bietet die Chance, neu für ihn zu beten.

Zur Selbstprüfung gehört, dass wir lernen, entspannt in Gottes Gegenwart zu sein. Wir können über einen Bibeltext meditativ nachdenken oder uns in eine der Personen in einem Evangeliumsbericht hineinversetzen. In der Stille legen wir diese Texte Gott vor und fragen: „Was willst du mir hierdurch sagen?" Es macht nichts, wenn keine unmittelbare Antwort kommt. Wir können in Ruhe darauf warten, dass sie irgendwann im Alltagsverlauf erfolgt.

## Beten Sie mutig und beherzt

Es ist ein Irrtum anzunehmen, Beten sei eine geordnete Aneinanderreihung wohlgesetzter Worte. Wir können Erleichterung finden, indem wir wie Hanna in 1. Samuel 1, 15 „unser Herz vor dem Herrn ausschütten". Der Kontext zeigt: Wir dürfen unsere schlechten Empfindungen und abwegigen Gedankengänge vor Gott aussprechen.

Dabei sind wir in guter Gesellschaft, denn auch König David tat dies. Viele Psalmen beginnen mit Klagen über Depressionen, Zweifel und sogar mit Rachegedanken (Psalm 6, 7; 31, 2; 55, 16) – doch häufig enden sie mit einem Lobpreis.

Dieses Muster können wir auch für uns anwenden. Ist das unehrerbietig? Wenn Gott nicht beleidigt war, als David ehrliche Empfindungen ausdrückte und er sogar Davids Worte in den Kanon der Heiligen Schrift aufnehmen ließ, können wir ganz sicher genauso ehrlich sein.

Eine weniger gebräuchliche Form des beherzten Betens besteht darin, Menschen, die uns verletzt haben, einen Konfrontationsbrief zu schreiben. Entwerfen Sie ein solches Schreiben, lesen Sie es Gott vor, schicken Sie es aber nicht ab. Wenn Sie dennoch dem Empfänger schreiben möchten, bitten Sie Gott um Hilfe dabei.

## Freude an Gott

**Besingen Sie Gottes Liebe.** Viele Lieder bestätigen Gottes Liebe zu uns. Denken Sie zum Beispiel an das altbekannte Lied „Gott ist die Liebe ... er liebt auch mich!" Auf einer Konferenz mit Austausch in Kleingruppen fassten sich 800 Teilnehmer an der Hand und sangen „Gott ist die Liebe". Als Erwachsene erlebten wir die Wahrheit dieser Aussage ganz neu. Wir waren zu Tränen gerührt, als ein Teilnehmer sagte, zum ersten Mal spüre er, dass Jesus ihn im Innersten festhielt und liebte.

**Machen Sie Anbetung zu einem wichtigen Bestandteil Ihres Lebens.** Falls wir uns Gott als Tyrannen vorgestellt hatten, können wir eine neue Sicht gewinnen, indem wir bewusst die Lieder und Chorusse singen, die Gottes Größe, Liebe und Vergebungsbereitschaft betonen. Anbetung ist ein starkes Mittel, um unsere früheren Schamgefühle zu überwinden. Es wirkt unserer Verkopfung entgegen und stärkt unser Herz mit der Gewissheit, dass Gott mehr ist, als selbst die besten Eltern es je sein könnten. Es spricht nichts dagegen, auch im Auto oder unter der Dusche zu singen.

**Stellen Sie sich Gottes Liebe bildlich vor.** Indem wir Psalmen auf uns persönlich anwenden, können wir Gottes Liebe hautnah erfahren. Ein Beispiel:

> *„Vom Himmel her griff seine Hand nach mir,*
> *sie fasste mich und zog mich aus der Flut ...*
> *Rings um mich machte er es weit und frei.*
> *Er liebt mich, darum half er mir."* (Psalm 18, 17.20).

Über eine andere Möglichkeit, Gottes Liebe hautnah zu erfahren, berichtet Jan:

117

*Ein Kinderpsychologe riet mir, für meine Tochter ein Bild zu kaufen, das Jesus darstellt, wie er ein Kind auf dem Schoß hält. Das würde ihr helfen, die Liebe Gottes zu begreifen. Jesus und das Kind sitzen Wange an Wange, er berührt das Kind sacht und hält seine Hand schützend über den Kopf des Kindes. Das Gesicht des Kindes strahlt großen Frieden aus.*

*Manchmal, wenn ich einen Fehler begangen habe oder mich einsam fühle, nehme ich mir dieses Bild mit zu meinem Arbeitsplatz. Den ganzen Tag über schaue ich es immer wieder an und stelle mir vor, ich sei das Kind und dass Gott mich genauso liebt. Das ist mir ein großer Trost.*

**Betätigen Sie sich kreativ.** Christine betrachtet sich nicht als Künstlerin, aber in ihrer Einsamkeit nach der Scheidung malte sie Bilder, statt Kitschromane zu lesen. Oft zeichnete sie eine Frau, die allein in einem Sessel in der Zimmerecke saß. „Obwohl ich mich völlig alleingelassen fühlte, skizzierte ich einen Strahlenkranz um diese Frau herum, der Gott darstellen sollte. Das half mir, neu wahrzunehmen, dass Gott mich liebt und einen Plan für mein Leben hat."

## Umgang mit Schmerz und Enttäuschungen

Trotz aller Maßnahmen mag es sein, dass wir uns immer noch schlecht fühlen. Wie können wir mit diesen Gefühlen umgehen, ohne unseren Nächsten das Leben schwerzumachen? Indem wir sinnvolle Auswege schaffen wie regelmäßige körperliche Bewegung, Gymnastik oder sportliche Betätigung. Anderen hilft Musizieren, Malen oder Zeichnen. Auch das Ansehen von Bildern und Gemälden, das Lesen poetischer Bücher oder gar von Kinderbilderbüchern können Ihnen gut tun.

## Handeln Sie nur aus echten Motiven

Wie wir gesehen haben, resultieren unsere Handlungen teils aus selbstsüchtigen Motiven. Wir sollten sie daher daraufhin abklopfen. So erleben wir neu, was Galater 5, 13 bedeutet: „Durch die Liebe diene einer dem andern" (nach Luther).

Jan hat gelernt, ihre Motive zu unterscheiden:

*Wie immer am Mittwochabend stellte ich die Stühle für unsere Selbsthilfegruppe auf. „Ob wohl überhaupt jemand weiß, dass ich jede Woche diesen Dienst tue?", kam mir plötzlich in den Sinn. Dann fiel mir noch ein, dass im letzten Gemeindebrief unser Gruppentreffen vergessen worden war. Mir langte es! Ich nahm mir vor, dem Pastor einen scharfen Brief zu schreiben. Den Anfang hatte ich schon im Kopf: „Jeden Mittwochabend leite ich treu … "*

*Doch dann hörte ich meine Mitarbeiterin kommen. Mir fiel ein, wie sie mich ermutigt hatte, diese Gruppe anzufangen. Zuerst hatte ich gezögert, denn ich wollte nicht wieder in meine alte Art der „Retterin der ganzen Welt" verfallen. Aber weil mir selber eine solche Gruppe sehr geholfen hatte, fing ich schließlich mit ihrer Hilfe die Gruppe an.*

*Ich sah meine Freundin hereinkommen, dachte an die Menschen, die heute Abend wieder offen ihre tiefsten Ängste aussprechen würden, und wusste: Den Beschwerdebrief werde ich nicht schreiben! Ich würde dafür sorgen, dass das Gruppentreffen im nächsten Gemeindebrief wieder erwähnt würde. Aber ich würde nichts tun, nur um selbst beachtet zu werden.*

Manche fühlen sich infolge der Selbstprüfung unwürdig zu irgendwelchen Diensten. In Wirklichkeit sind verletzte Menschen während ihres Heilungsprozesses sehr wohl für Dienste an anderen geeignet, weil sie egozentrische Motive von Gottes Impulsen unterscheiden gelernt haben.

## Spielen als Hilfe

**Nutzen Sie Trostmittel aus Ihrer Kindheit.** – Gelegentlich brachten Teilnehmerinnen der Selbsthilfegruppe, zu der Curt gehörte, Teddybären mit in die Sitzungen. Das erschien den anderen zunächst seltsam. Curt berichtet:

*Ich wusste nicht, was ich von den Frauen halten sollte, die die Teddybären mitgebracht hatten. Manche der Stofftiere waren uralt und hatten teils nur noch ein Auge. Ich schämte mich für diese Frauen – denn sie waren ja meine Freunde. Können sie sie nicht im Auto lassen? dachte ich.*

*Schließlich sah ich, dass etwas Besonderes vorging. Während diese Frauen über ihre Vergangenheit berichteten, halfen ihnen die Teddybären beim Sprechen. Es klingt eigenartig, aber sie hielten die Teddybären so, wie sie selbst gern gehalten worden wären. Nachdem ich meine Verlegenheit überwunden hatte, erkannte ich, dass ich eifersüchtig war, weil diese Frauen so leicht zum Trostmittel ihrer Kindheit zurückgefunden hatten. Ich fragte mich, was denn mein Trostmittel sein könnte.*

**Entdecken Sie die Spiele aus Ihrer Kindheit wieder.** Wenn wir die Spannungen abbauen, die unser Leben überschattet haben, finden wir vielleicht wieder Gefallen an Tätigkeiten aus unserer Kindheit wie Klettern, Ballspielen oder Zeichnen mit bunten Malstiften. Diese Dinge bewirken die nötige Balance zwischen Entspannung und den Alltagspflichten. Besonders wichtig ist diese Entspannung in Zeiten intensiver Selbstprüfung.

## Fachliche Hilfe

Manche brauchen fachliche Hilfe, um die heutigen Auswirkungen ihrer frühen Kindheit zu verstehen. Das gilt besonders für übergroße Wut und unterdrückte Erinnerungen an körperliche oder sexuelle Misshandlung. Therapeuten sind ausgebildet, um einen geschützten Raum für den Ratsuchenden zu schaffen, in dem er fragen, weinen oder zornig werden darf.

Sie helfen auch durch Krisen hindurch, weil sie körperliche Störungen, tiefe seelische Verletzungen oder Selbstmordabsichten erkennen. Zeit und Geld in eine Therapie zu stecken, zahlt sich erfahrungsgemäß aus und hilft dem Ratsuchenden, seine Probleme nicht länger zu verleugnen.

In der Therapie erfährt der Ratsuchende die persönliche Zuwendung, die er in der Kindheit nicht erhalten hat. Es tut gut, die volle Aufmerksamkeit und ungeteiltes Zuhören eines anderen Menschen zu erleben. Wer nie gelernt hat, jemandem zu vertrauen, darf wissen, dass er im Therapeuten eine Person hat, die der gesetzlichen Schweigepflicht unterliegt.

## Vielleicht fragen Sie ...

● *Ist es für meine Kinder nicht schädlich, wenn sie mich weinen sehen?*
Unsere Tränen mögen den Ehepartner, Freunde oder Kinder verlegen machen, weil sie sich vielleicht dafür schuldig oder sich zur Hilfe verpflichtet fühlen. Wir sollten unbedingt erklären, dass unser Weinen nichts mit ihnen zu tun hat, sondern dass es eine positive Befreiung von traurigen Gefühlen ist. Das ist ein gutes Vorbild für die Kinder.

● *Wie finde ich einen Therapeuten?*
Lassen Sie sich von Freunden oder Gruppenteilnehmern jemand empfehlen. Stellen Sie dem möglichen Therapeuten zuerst Fragen nach seiner Vorgehensweise und seiner speziellen Ausbildung und Praxiserfahrung.

Die meisten bevorzugen einen Therapeuten, mit dem sie die gleiche Wellenlänge haben. Beachten Sie seine persönliche Art, sein Alter, Geschlecht, seinen Familienstand und seine gemeindliche Zugehörigkeit. Wenn wir sexuellen Missbrauch aufarbeiten wollen, ziehen wir wahrscheinlich einen Therapeuten vor, der das Gleiche erlebt und verarbeitet hat.

Das Geschlecht ist für viele Ratsuchende wichtig. Wenn Sie Probleme mit Ihrem Vater behandeln wollen, ist wohl ein männlicher Therapeut angebracht. Wenn Sie jedoch von Ihrem Vater sexuell missbraucht worden sind, empfiehlt sich eher eine Therapeutin.

## Zum persönlichen Nachdenken

Beantworten Sie diese Fragen so ehrlich wie möglich und besprechen Sie die Antworten in Ihrer Selbsthilfegruppe oder mit einer Person Ihres Vertrauens.

- Was empfinden Sie bei dem Gedanken, dass Sie Ihren Tränen freien Lauf lassen oder ein Tagebuch führen sollen?
- Bei welchen ungewöhnlichen Umständen beten Sie? Haben Sie sich schon über Gottes Liebe gefreut, während Sie anderweitig aktiv waren?
- Wie haben Sie als Kind gespielt oder sich entspannt? Machen Sie das heute noch? Falls nicht: Würden Sie es gerne tun?
- Welche sinnvollen Möglichkeiten zum Ausgleich wenden Sie zur Zeit an? (Aussprache mit einem Freund, Jogging, Schwimmen, Rad fahren, Wandern, Musizieren, Betrachten eines Kunstbildbandes ...?) Welche weiteren Möglichkeiten fallen Ihnen ein?
- Kaufen Sie sich etwas, woran Sie als Kind Freude hatten – vielleicht einen Malkasten, ein Sprungseil, einen Fußball, extra leichte Wanderschuhe, einen schönen Bildband ... Nehmen Sie sich die Zeit, sich damit auch zu beschäftigen. Welche Erfahrungen machen Sie damit?

# Teil IV
# Möglichkeiten
# zum Aufbau neuer Spannkraft

## Kapitel 16
## Wachsende innere Festigkeit

Zum Wachstum unseres Glaubenslebens gehören Höhen und Tiefen. Das merken wir besonders, wenn wir uns selbst gegenüber ganz ehrlich sind. Bei einem problematischen Menschen sind wir vielleicht heute geduldig, morgen aber nicht. Doch der Generalkurs zeigt nach oben, auch wenn wir manchmal noch in alte Verhaltensweisen zurückfallen.

## Standfestigkeit im Glauben gewinnen

Der Unterschied zwischen biblischen Glaubenshelden und anderen Menschen in der Bibel besteht darin, dass sie aus ihrem Glauben Durchhaltevermögen geschöpft haben. Petrus verleugnete Jesus und fühlte sich sehr schuldig, aber er suchte trotzdem wieder die Verbindung zu Jesus und empfing Vergebung. Judas dagegen betrog Jesus, fühlte sich auch sehr schuldig – aber er erhängte sich.

Petrus und andere Glaubenshelden waren keineswegs perfekt, sie blieben aber mit Gott in Verbindung, auch wenn sie Fehler gemacht hatten. Wenn wir durch den Glauben Standfestigkeit gewinnen, können wir Druck widerstehen und Rückfälle überwinden.

Diese Standfestigkeit kann je nach Persönlichkeitsstruktur, Erfahrungen aus der Vergangenheit und biologischen Vorbedingungen unterschiedlich sein. Doch wir können sie gewinnen, wenn wir lernen, mit den Schwierigkeiten des Lebens umzugehen. Ein Aufarbeitungsprozess wie der in diesem Buch beschriebene trägt dazu wesentlich bei.

## Mögliche Gefahren auf dem Wege zur Heilung

Wenn wir die Verhaltensmuster aus unserer Vergangenheit kennen, können wir mögliche Fallen leichter bemerken und uns darauf einstellen. Hier einige Beispiele:

**Körperliche Erschöpfung.** In Streßzeiten verbraucht der Körper besonders viel Energie. Wir können dem entgegenwirken durch ausreichenden Schlaf, körperliche Bewegung und indem wir unsere Gefühle zulassen. Auch sollten wir uns selbst nicht zu ernst nehmen und auch mal tüchtig über uns lachen. Beim ersten Anzeichen einer Krise oder einer Lebensumstellung prüfen wir unser inneres Gleichgewicht und was zu tun ist. An Tagen, wo uns nichts gelingen will, stellen wir uns die Stopp-Frage: „Bin ich hungrig, zornig, einsam oder müde?" Ilona ging wie folgt vor:

*Ich war bereits sauer auf eine Kollegin, die mich beim Chef angeschwärzt hatte, ich würde meine Arbeit nur unvollständig machen. Dann rief meine Freundin Laura an, dass wir uns nicht zum Essen treffen könnten. Sie hatte eine stichhaltige Begründung – sie musste nach Hause, um sich um ihre kranke Tochter zu kümmern. Laura bedauerte das zwar und ich konnte es auch einsehen, trotzdem fühlte ich mich im Stich gelassen und dachte: „Keiner will etwas mit mir zu tun haben!" Die Wut und die Einsamkeit konnte ich nicht abschütteln.*

*Da wollte ich mich in der Mittagspause mit einem Eisbecher verwöhnen. Doch dann dachte ich an die Stopp-Frage: „Bin ich hungrig, zornig, einsam oder müde?" Ich machte mir klar, dass ich auf meine Kollegin zornig war und mich einsam fühlte. Da war der Eisbecher ja wohl nicht die Lösung! „Wie kann ich angemessen mit meinen Bedürfnissen umgehen?", fragte ich mich.*

*Als erstes sprach ich mit meinem Chef und korrigierte, was meine Kollegin gesagt hatte (er hatte es ohnehin nicht glauben können). Dann rief ich Laura an: „Ich weiß, dass du nach deiner Tochter sehen musst. Aber kann ich nicht mit dir fahren? Gerade heute brauche ich jemanden." Laura stimmte sofort zu und wir hatten eine schöne Zeit.*

**Verharren im Zorn.** Zorn kann motivierend sein, insbesondere wenn wir dadurch vom Verleugnungsdenken befreit werden. Doch wenn wir beim Rückblick auf vergangene Ereignisse gedanklich darin stecken bleiben, hat uns der Zorn im Griff statt umgekehrt. Dadurch verlieren wir alle Hoffnung und meinen, Gott könne uns nicht helfen, zerstörerische Gefühle und Verhaltensmuster zu überwinden. Was stattdessen zu tun ist, haben wir ja bereits in Kapitel 15 beschrieben.

**In der Angstblockade verharren.** Vielleicht ist es an der Zeit, uns in einer Beziehung neu zu behaupten, einem Freund zu vergeben oder unser unkontrolliertes Verhalten zu ändern. Doch das scheint aus Sicht unserer Angstblockade zu schwierig zu sein. Wenn wir aber anhand unserer Hilfsmittel den Mut aufbringen, das dabei unvermeidliche Risiko einzugehen, können wir die Angstblockade durchbrechen.

**Schuldzuweisungen an die Herkunftsfamilie.** Schuldzuweisungen wie „Wenn meine Mutter nicht ...", „Mein Bruder ist schuld, dass ich ..." halten uns davon ab, die persönliche Verantwortung für unsere Reifung zu übernehmen. Sie führen zu Bitterkeit und Unreife.

Im übrigen ist es unfair, die Eltern zu beschuldigen, denn sie haben angesichts ihrer eigenen Herkunft ihr Bestes gegeben. Würden wir die Konflikte ihrer Kindheit kennen, wären wir überrascht, wie gut sie sich uns gegenüber verhalten haben. Alkoholkranke in der Genesungsphase berichten oft, wie sehr sie sich bemüht haben, gute Eltern zu sein, aber wie sehr das misslungen ist. Sie lieben ihre Kinder und wünschen, sie hätten sich mehr um sie gekümmert (was ein Grundgefühl bei allen Eltern ist). Vielleicht denken dies ja auch Ihre Eltern. Das ändert zwar nichts an den Auswirkungen ihres früheren Verhaltens bei uns als Erwachsene, belegt aber, dass Schuldzuweisungen unangebracht sind.

Christen meinen vielleicht, sie müssten ihren Eltern einfach vergeben. Das allein hilft jedoch nicht, weil die Wut auf die Eltern wieder auftauchen kann. Es hilft, wenn wir Vergebung als Ziel und zugleich als einen Entwicklungsprozess ansehen. Wir konzentrieren uns auf das Ziel. Vergebung ist oft ein Nebenprodukt des Durcharbeitens unterdrückter Gefühle.

Indem wir unsere Eltern annehmen, versuchen wir nicht mehr, sie zu ändern. Wenn sie arbeitssüchtig oder jähzornig sind, können wir wahrscheinlich wenig tun, damit sie sich ändern. Bei alkohol- oder drogenabhängigen Eltern jedoch empfiehlt sich fachliche Beratung.

Wir sollten in der Stille vor Gott folgende Fragen abwägen:

- Wie weit bin ich innerlich auf dem Weg, meinen Eltern zu vergeben?
- Wünsche ich im Gebet meinen Eltern aufrichtig Gottes Segen, Freude, Frieden, Geduld?
- Erkenne ich an, wie hart sie daran gearbeitet haben, ihre Schwierigkeiten zu überwinden?

Auch wenn bei dieser Befragung nichts Spektakuläres geschieht, bringt uns Gott schrittweise der Vergebung näher. Je mehr wir unsere Eltern annehmen können, desto besser wird unsere Beziehung zu ihnen. Wir erwarten nicht mehr, dass sie Supereltern sind, sondern normale Menschen, die sich bemüht haben.

**Vorsicht bei Familienzusammenkünften.** Wenn Sie Ihren Umgang mit Menschen ändern, kann ein bevorstehendes Familientreffen eine Gefahr sein. Ihre neuen Verhaltensweisen können Verwandte irritieren und sogar befremden. Es ist so, als sängen Sie ein neues Lied, dessen Melodie Ihre Verwandten nicht mögen. Überlegen Sie daher sorgfältig, bevor Sie eine Einladung annehmen. Bitten Sie sich Bedenkzeit aus. Beziehen Sie Gott darin ein und fragen Sie sich:

- Möchte ich dies wirklich?
- Habe ich das Gefühl, dass ich gar keine Wahl habe?

- Kann ich dort meine neue Linie vertreten oder falle ich in alte Verhaltensmuster zurück?
- Sind andere Verpflichtungen in der betreffenden Zeit wichtiger?
- Gibt es vielleicht einen Kompromiss?

Wenn wir uns mit einem besonders herrschsüchtigen Verwandten herumschlagen müssen, kann eine einjährige Pause von allen Familienzusammenkünften empfehlenswert sein.

Marlis nahm nicht am weihnachtlichen Familienfestessen teil. Sie wusste, ihr Onkel – der sie als Kind missbraucht hatte – würde dabei sein. Sie war so zornig auf ihn, dass sie ihm sicherlich eine Szene gemacht hätte.

Dirk hatte sich nie überwinden können, seinen Eltern zu sagen, dass er den traditionellen Besuch bei ihnen am 1. Weihnachtstag nicht gut fand. Denn dafür musste er die Kinder früh aufwecken und sie mussten eine stundenlange Fahrt auf sich nehmen. Das überschattete immer auch den Heiligabend. Schließlich sagte er es doch, und seine Eltern regten sich auf. Aber als er und seine Familie statt des traditionellen Weihnachtsbesuchs die Eltern eine Woche später besuchten, merkten diese, wie schön es ist, wenn sich nicht alles auf die Festtage konzentriert.

## Umgang mit Ratschlägen

Seien Sie auf der Hut vor wohlmeinenden, aber unwissenden Ratgebern, die Ihnen genau sagen, was Gottes Wille für Sie ist. Ohne zu wissen, was in Ihnen vorgeht, drängen sie Sie vielleicht, das Vergangene zu vergessen, Ihr Leben in die Hand zu nehmen und etwas zu tun, wozu Sie noch gar nicht in der Lage sind. Wenn Sie so bedrängt werden, könnten Sie vielleicht antworten: „Ich arbeite an einigen Dingen in meinem Leben, die mir helfen, mich besser zu verstehen."

Äußern Sie sich nur so weit, wie es für Sie hilfreich ist. Wenn Sie meinen, die Beziehung zu Ihren Eltern verbessern zu können, indem Sie mit ihnen reden, sollten Sie das versuchen.

Jeanette wollte mit ihren Eltern reden, wusste aber nicht wie. Sie gab jeweils nur ein bisschen preis. Als die Eltern wiederholt nur sie um Hilfe baten und nicht auch ihre anderen Geschwister, erklärte sie: „Ich helfe dieses Mal, aber ich bin nicht der ‚Familienheld'. Eure anderen Kinder können genauso gut helfen." Als ihre Mutter sie zu überreden versuchte, ihren Bruder anzurufen, er solle sich mit seiner Frau versöhnen, antwortete Jeanette: „Ich will nicht immer zwischen dir und ihm vermitteln. Wenn du ihm etwas sagen willst, ruf ihn bitte selbst an."

Sie liebte ihre Mutter sehr. Deshalb fiel es ihr nicht leicht, so etwas zu sagen. Doch sie fand heraus, dass es ihr half, erst einmal tief Luft zu holen und ganz ruhig zu reden.

Manche Menschen – besonders solche mit körperlicher oder sexueller Misshandlung – halten es für wichtig, ihre Eltern mit ihrem früheren Verhalten zu konfrontieren. Es kann schwierig sein, die Motive dafür eindeutig zu erkennen. Rachegefühle können dabei eine Rolle spielen. Sie haben mich verletzt, jetzt verletze ich sie. Doch Rachegefühle beweisen nur, dass wir noch im Zorn verharren und nicht unser Wohl im Auge haben. Wir sollten uns fragen: Warum will ich das? Was will ich damit erreichen?

Wenn Sie glauben, dass das direkte Reden mit Ihrer Familie zu mehr Auseinandersetzungen führt als Sie ertragen können, kann es hilfreich sein, sich an andere Verwandte wie Tanten, Onkel oder Großeltern zu wenden, die offener sind. Es geht darum, die Wahrheit auszusprechen und sie bestätigt zu bekommen.

Es ist auch möglich, die Eltern indirekt zu konfrontieren. Manche vertrauen ihre Gedanken einem Tagebuch an oder schreiben einen Brief, den sie aber nicht abschicken. Andere konfrontieren ihre Eltern, indem sie in einer Selbsthilfegruppe äußern, was sie ihren Eltern sagen würden. Obwohl die Eltern nicht anwesend sind, verringert sich der Zorn, die Wahrheit kommt ans Licht und der Betreffende kommt seiner Heilung wieder einen Schritt näher.

## Vielleicht fragen Sie …

● *Warum wird heutzutage so viel von Opfern gesprochen?*
Menschen, deren Leben nur ein Kampf ums Dasein war, halten sich oft für alles und jedes schuldig. Es kann eine Erleichterung

sein zu erkennen, dass sie nicht für alles verantwortlich, aber Opfer von schwierigen Umständen waren. Als bewusst lebende und informierte Erwachsene können sie jedoch wählen. Die beste Wahl besteht darin, Gottes Weg zu ihrer Heilung zu suchen – auch wenn dies, wie wir gesehen haben, mit Schmerz verbunden ist. Sie weigern sich, noch länger Opfer zu sein.

● *Muss ich prüfen, inwieweit die Vergangenheit mich heute noch mitbestimmt, auch wenn meine Eltern verstorben sind?*
Sie sollten das trotzdem tun, auch wenn das für Sie nicht leicht ist, denn unsere Tradition verlangt, über Tote nur Gutes zu sagen. Ihre Geschwister werden sich vielleicht gegen Ihre Vergangenheitsbewältigung wehren, weil sie die Eltern idealisiert und ihre eigene Erinnerung umprogrammiert haben. Gestatten Sie sich dennoch, die Verletzungen der Vergangenheit durchzuarbeiten. Sie werden mit der Zeit inneren Frieden finden.

## Zum persönlichen Nachdenken

Beantworten Sie diese Fragen so ehrlich wie möglich und besprechen Sie die Antworten in Ihrer Selbsthilfegruppe oder mit einer Person Ihres Vertrauens.

● Sind Sie besonders angespannt, wenn Sie hungrig, wütend, einsam oder müde sind? Falls ja: Was können Sie am schlechtesten ertragen?
● Beschreiben Sie eine Begebenheit, als Sie im Zorn verharrten.
● Wie verhalten Sie sich heute bei Familienzusammenkünften?
● Gibt es jemanden, der Druck auf Sie ausübt und sagt, Sie sollten sich einfach zusammenreißen? Falls ja: Wie verhalten Sie sich gegenüber diesem Menschen?
● Sagen Sie Ihren Eltern unangenehme Dinge in Form eines Tagebucheintrags. Lesen Sie das Gott vor und beten Sie für Ihre Eltern. Vielleicht können Sie es auch in Ihre Selbsthilfegruppe einbringen.

# Kapitel 17
## Verlässliche Beziehungen aufbauen

Früher haben wir auf die Frage „Wie geht's?" mit „Gut!" geantwortet – egal, wie wir uns wirklich fühlten. Oder sogar „Prima! Es könnte nicht besser sein!" – obwohl es uns schlecht ging.

Vielleicht verhielten wir uns so, weil wir dachten, Christen müsse es immer gut gehen. Daniela, die Gemeindesekretärin aus Kapitel 2, gibt zu, dass sie ein Doppelleben führte: bei der Arbeit und zu Hause.

*Bei der Arbeit ließ ich nie erkennen, wenn ich mich ärgerte. Wenn ich länger bleiben musste, tat ich das mit einem Lächeln. Zu Hause ließ ich meinem Ärger dann freien Lauf, weil ich sicher war, mein Mann würde mich nie verlassen. Ich schrie meinen Sohn und meinen Mann an und warf teils mit Gegenständen nach ihnen. Die anderen in der Gemeinde waren schockiert als ich das erzählte.*

*Heute ist mir klar, dass mein Verhalten zu Hause mein Fluchtweg war. Ich versuchte, zu vielen Menschen zu Gefallen zu sein und übernahm mich dabei. In meiner Sehnsucht nach Liebe stieß ich aber die mir nächststehenden Menschen vor den Kopf.*

Je mehr wir Gott gegenüber ehrlich werden, desto glaubwürdiger werden wir. Wir versuchen, gleich bleibend wir selbst zu sein – am Arbeitsplatz, in der Nachbarschaft, in der Kirche und in der Familie. Das ist aber nicht möglich, wenn wir uns wie Chamäleons den jeweiligen Umständen anpassen. Wenn wir lernen zu sagen, wie wir wirklich denken und fühlen, wissen die anderen, was sie von uns erwarten können. Nur so kann es zum Aufbau verlässlicher Beziehungen kommen.

## Ich kehre vor der eigenen Tür

Zu den wesentlichsten Dingen im eigenen Leben gehört das Gespür dafür, wie weit man anderen ein Mitspracherecht einräumt.

Als Kinder haben wir vielleicht überzogene Verhaltensmuster entwickelt, uns zu stark zurückgezogen oder waren zu sehr darauf bedacht, Aufmerksamkeit zu erringen – je nachdem, wie wir behandelt wurden. Nun als Erwachsene sind wir so daran gewöhnt, dass wir versucht sind, dies entweder beizubehalten oder ins Gegenteil zu verfallen, statt wohl durchdachte andere Möglichkeiten zu wählen.

Zum Beispiel halten Menschen, die als Kinder kein Vertrauensverhältnis zu den Eltern hatten, andere zeitlebens auf Abstand. Sie erwarten von anderen einfach nichts. Leider entgehen ihnen dadurch Liebe, Anteilnahme und gute Ratschläge. In den wenigen Beziehungen, die sie haben, fassen sie nur schwer Vertrauen.

Andere lassen zu viele Menschen in ihre Angelegenheiten hineinreden. Sie können nichts selbst entscheiden und fragen lieber fünf Leute nach ihrer Meinung, weil sie diese für klüger halten. Sie können sich nicht abgrenzen – schon ihre Eltern haben ihnen früher fast alle Entscheidungen abgenommen und sie mussten sich nach deren Wünschen und Vorstellungen richten. Sie waren wie „verstrickt" in die Beziehung zu ihren Eltern.

Andere verfallen ins Gegenteil ihrer früheren Verhaltensweisen. Wer seinen inneren Schutzwall gegenüber anderen und seine Einsamkeit erkennt, sucht ständig Anerkennung – egal von wem. Sie können gar nicht genug davon bekommen. Wer dagegen zu sehr bevormundet wurde, baut jetzt eine Mauer um sich, um ja von niemandem belästigt zu werden.

Tabellarisch ließe sich das so darstellen:

| Verhaltensmuster aus der Kindheit | Beibehaltung des Verhaltensmusters | Gegenteil des früheren Verhaltensmusters |
|---|---|---|
| Keine Vertrautheit mit den Eltern | Andere auf Abstand halten | Bemühen um zu viel Aufmerksamkeit von anderen |
| Gefühl der „Verstrickung" mit den Eltern | Bemühen um zu viel Aufmerksamkeit von anderen | Andere auf Abstand halten |

Es liegt auf der Hand, dass eine gute Ausgewogenheit zwischen beiden Extremen hergestellt werden muss. Dabei mag vorstehende Tabelle hilfreich sein. Sind Sie unsicher, wo Sie sich heute einordnen können, sollten Sie sich nachstehende Fragen stellen:

● Öffne ich mich wenigen oder vielen Menschen?
● Neige ich dazu, mich von Menschen zurückzuziehen oder sie zu sehr in Anspruch zu nehmen?
● Mache ich Fehler oder treffe falsche Entscheidungen, weil ich nicht den Rat oder die Hilfe anderer suche?
● Mache ich Fehler, weil ich nicht selbständig denken und entscheiden kann?

Wenn wir merken, dass wir zwischen Distanziertheit und Verstricktsein hin- und herschwanken, stehen wir nicht allein da. Im Zuge unserer Aufarbeitung braucht es oft längere Zeit, bis wir herausgefunden haben, was für uns angemessen ist. Wir müssen eine realistische Vorstellung entwickeln, wie wir unsere Angelegenheiten regeln wollen. Wir lassen andere nicht einfach in unsere Angelegenheiten hineinreden und tun das umgekehrt auch nicht. Ich kehre vor meiner Tür und du vor deiner. Ich mische mich nur in deine Angelegenheiten ein, wenn du mich dazu aufforderst, und dann tue ich das behutsam. Ich bin auf der Hut, wenn du dich ungebeten in meine Dinge einmischst, und finde angemessene Wege zur Wiederherstellung meiner eigenen Verantwortung.

Am besten ist die Verbindung mit Menschen, die Grenzen respektieren. Diese geben keine unerbetenen Ratschläge, sondern stellen Fragen wie „Was halten Sie von dieser Idee? Wie fühlen Sie sich wirklich bei ...?" Falls sie von ihren Erfahrungen berichten, betonen sie, dass Gott in diesem Falle aber auch ganz anders handeln kann.

Falls Sie in der Vergangenheit zu viele oder zu wenige Menschen um Rat gefragt haben, mag es Ihnen schwer fallen, den geeigneten Ratgeber zu finden. Folgende Fragen können Ihnen bei der Suche helfen:

● Achte ich diesen Menschen?
● Lebt der Betreffende glaubwürdig?
● Hat er ähnliche Erfahrungen gemacht?
● Hat er einen Durchblick bei Motiven und Gefühlen?

Wir müssen unbedingt unterscheiden zwischen guten Ratgebern und solchen, die von vornherein genau zu wissen glauben, was Gott von uns will. Dahinter steckt oft der unbewusste Wunsch, andere Menschen zu beeinflussen (sie kennen ihre Grenzen nicht). Sie üben Druck auf uns aus und sagen „Was Sie tun müssen, ist ... Jeder weiß doch, dass ..." Manchmal fordern wir solche Aussagen geradezu heraus durch unsere Unfähigkeit, selbst zu entscheiden. Daniela beschreibt, wie sie lernt, mit Menschen umzugehen, die ihre Grenzen verletzen.

*Ich ärgere mich immer noch, wenn andere eine zu persönliche Frage stellen oder sagen, was ich tun oder lassen sollte. Ich mache mir dann sofort klar, dass ich Entscheidungen selbst treffe und niemandem Rechenschaft darüber schuldig bin. Und ich mache mir klar, dass andere kein Recht haben, meine Grenzen zu verletzen und ich das auch nicht zulasse. Ich entscheide, auf ihre Fragen nicht zu antworten, und sage zum Beispiel: „Darüber möchte ich jetzt nicht sprechen."*

Zum Aufbau tragfähiger Beziehungen gehört auch, die Grenzen der anderen nicht zu verletzen. Das kann einem trotz bester Absichten unterlaufen. Ein Beispiel:

„Ich habe meine Gefühle immer versteckt", sagt Heike zu Sieglinde. „Aber Gott will, dass ich offener darüber spreche. Ich denke, du solltest das auch tun." Heike erkennt nicht, dass Sieglinde dabei ist zu lernen, wie man sich abgrenzt. Heike unterstellt: Was für sie das Beste ist, muss es auch für Sieglinde sein. Damit verletzt sie Sieglindes Grenzen.

Worauf es ankommt, ist die Achtung vor dem anderen. Wir akzeptieren die unterschiedlichen Wege, die Gott mit einzelnen Menschen geht. Wir sollten uns vor Einstellungen hüten, die sich etwa so ausdrücken:

● Ich weiß, was für dein geistliches Wachstum dran ist.
● Ich weiß, was die Bibel von dir verlangt.
● Ich bin von Gott bevollmächtigt, so mit dir zu sprechen.

Wir achten die Grenzen anderer, wenn wir unseren gut gemeinten Rat erst einmal vor Gott bringen und uns nach unseren Motiven fragen. Im Zweifelsfall ist es immer besser zu warten als vorzupreschen. – Achtung entspringt einer demütigen Gesinnung:

- Ich akzeptiere, dass du wie wir alle ein Mensch mit Grenzen bist.
- Könnte es sein, dass hinter deinem Verhalten ein verborgener Schmerz steckt?
- Ich bin nicht Gott und kann nicht ganz nachfühlen, was du durchgemacht hast.


## Wir bleiben uns selbst treu

Obwohl unsere Selbstprüfung unsere Gottesbeziehung verbessert, ist sie nicht unbedingt hilfreich für alle unsere Beziehungen. Unsere neue Art, offen und ehrlich über unsere Probleme zu sprechen, kann andere in Verlegenheit bringen. Jan hat wiederholt folgendes erlebt:

*Es war kein besonders guter oder schlechter Tag. Als ich die Kirche betrat, sagte Judith lächelnd: „Hallo Jan. Wie geht's?"*

*„Ach, es könnte besser gehen!", antwortete ich.*

*„Was?!", gab sie schockiert zurück.*

*Ich bemerkte, dass ich bei Judith einige Punkte auf der geistlichen Skala verloren hatte. Doch das machte mir nichts mehr aus. Seit ich die Maske der immer fröhlichen Christin abgelegt habe, bin ich frei, den Leuten gegenüber aufrichtig zu sein.*

*Ich konnte Judith daher anlächeln und sagen: „Ja, wirklich!" Und für mich fügte ich innerlich hinzu: „Gott liebt mich auch an so einem Tag wie heute."*

Diese neugewonnene Freiheit kann Leute irritieren, die nur strahlenden Optimismus für geistlich halten. Wir sollten uns davon nicht abhalten lassen, weiter mit diesen Brüdern und Schwestern im Gespräch zu bleiben. Als gemeindliche Mitarbeiter haben wir mit verletzten Menschen zu tun. Wir gestehen ihnen zu, ihre Masken abzulegen, ohne ihren Glauben anzuzweifeln. Zu sich selbst zu stehen, erfordert einige Verhaltensänderungen, auf die wir jetzt eingehen wollen.

**Wir legen unsere fromme Maske ab.** Unsere fromme Maske verlangt, dass wir uns niemals ärgern. Sie verbietet uns, etwas zu äußern, was unserer Meinung nach andere auf die Palme bringen könnte. Achten Sie doch mal einige Tage lang auf Ihre Gedanken, die Sie anderen gegenüber nicht zu äußern wagen würden: Ich kann das jetzt nicht sagen; das hört sich so unchristlich an. Diese Selbstzensur führt zum Doppelleben.

Als Menschen, die zu sich selbst stehen, nehmen wir zum Beispiel unseren Ärger wahr, finden aber friedliche Wege, diesen abzureagieren. Wir sagen nicht A, wenn wir B meinen. Auf die Frage „Wie geht's?" antworten wir nicht mit „Gut!", wenn wir uns schlecht fühlen. Wir sagen die Wahrheit, etwa „Ich mache Fortschritte, aber manchmal ist das ganz schön anstrengend". Der Lohn dieser Haltung ist zunehmende Gelassenheit.

Vielleicht trauen wir uns sogar, andere vorsichtig herauszufordern, ihre fromme Maske abzulegen: „Sag mal, wie geht es dir wirklich?" Einige werden dann ihren Frust oder Zorn herauslassen. Andere fangen vielleicht an zu weinen.

**Wir machen uns klar, dass jeder irgendwie leidet.** Ungezählte verbergen ihr Leid sorgfältig hinter einer Fassade. Diese „innerlich Verwundeten" haben seelische Narben und tragen vielleicht eine Maske. Wir sollten rücksichtsvoll mit dieser Form der Verleugnung umgehen, weil wir sie selbst erfahren haben. Wenn wir „vor der eigenen Tür kehren", können wir Gott bitten, uns klarzumachen, ob er uns im Leben dieser Menschen gebrauchen will.

**Wir sind darauf eingestellt, dass einige Menschen zu uns auf Abstand gehen.** Wenn wir aufrichtig über unsere Verletzungen und Schwächen sprechen, kann das manchen dazu bringen, zu uns auf Abstand zu gehen. Sie meinen, das Reden über solche Dinge nicht nötig zu haben – oder sie können es auch gar nicht. Natürlich respektieren wir das. Es ist jedoch nicht sinnvoll, dass wir uns ihnen gegenüber öffnen.

Wir können auch versuchen, ihre Befürchtungen zu verstehen. Wir beide (Curt und Jan) hatten über ein Jahr lang vor, Selbsthilfegruppen zu besuchen, taten es aber wegen unserer Befürchtungen nicht: Was sollen andere von einem christlichen Therapeuten halten, der Panikattacken hat? Oder von einer Pastorenfrau, die wütend auf Gott ist?

Nachdem es uns aber immer schlechter ging, besuchten wir diese Gruppen schließlich doch. Es dauerte aber Monate, bis wir uns sicher genug fühlten, um uns ganz zu öffnen.

**Wir erkennen an, dass kein Christ wertvoller ist als ein anderer.** Viele von uns arbeiten in der Gemeinde mit in der Hoffnung, dass Gott sie deswegen liebt. Vielleicht denken wir insgeheim, dass Gott diejenigen am meisten liebt, die sich mehr einsetzen als wir selbst. Hier das Beispiel von Dora:

*Ich meldete mich in der Gemeinde freiwillig zu allem und jedem. Ich leitete den Kindergottesdienst, obwohl ich keinerlei Organisationstalent hatte. Ich sang im Chor und engagierte mich beim Frauenfrühstück.*

*Als ich hinter meine Maske der braven Christin geschaut hatte, erkannte ich, dass ich damit Gottes Liebe verdienen wollte. Ich fühlte mich minderwertig gegenüber denen, die mehr spendeten als ich und die so gut Veranstaltungen organisieren konnten. Ich glaubte, Gott müsse diese Leute mehr lieben als mich. Mir ging auf, dass meine Eltern uns Kinder so behandelt hatten. Wer am meisten leistete, wurde am meisten geliebt. Viele Jahre hindurch war ich das „überangepasste Kind" und konnte mich nicht behaupten wie meine Schwester, das „verantwortliche Kind". Als Erwachsene versuchte ich, ihre Rolle zu übernehmen, um mir zu beweisen, dass ich nun endgültig erwachsen war.*

*Heute sehe ich, wie abwegig das war. Ich glaube nun, dass Gott mich als das Kind liebt, das er geschaffen hat, und dass er mich mit meinen Fähigkeiten weiterbringt. Ich engagiere mich in einem Dienst für schwangere Teenager und habe eine Freundin gefunden, die mir bei der Organisation hilft. Ich habe den Chor verlassen und die Mitarbeit beim Frauenfrühstück beendet, was einige Mitchristen enttäuscht hat. Doch ich folge der Leitlinie, die ich für mich als gottgegeben erkenne, anstatt jede Anfrage mit Ja zu beantworten.*

**Wir legen uns ein dickes Fell zu.** Wenn wir uns selbst weniger wichtig nehmen, können wir über die Meinungsäußerungen anderer leichter hinweggehen. Die meisten Menschen haben so viel zu tun, dass sie ohnehin nicht die Energie haben, uns absichtlich zu verletzen. Geschieht das dennoch, entspringt das oft ihren eigenen Verletzungen und ihrem früheren Rollenverhalten.

Das bedeutet nicht, dass wir verletzende Situationen einfach hinnehmen sollten. Wir reagieren sie ab in einem geschützten Raum wie einem Tagebuch oder einer vertrauten Kleingruppe (wobei wir den Namen der Person, die uns verletzt hat, verschweigen). Dort finden wir heraus, ob wir dagegen angehen oder es einfach übergehen sollen und fragen uns: Verletzt uns das Verhalten des anderen oder irritiert es uns nur? Ist eine Konfrontation angemessen oder hilfreich?

## Gemeinschaft in der Ehe

Vor der Heirat zeigen beide Partner sich gegenseitig normalerweise natürlich nur ihre Schokoladenseiten. Viele Ehen bestehen daher aus „braven Kindern", die ihr wirkliches, ungeschminktes, bedürftiges Selbst hinter einer Maske verbergen. Doch nach einiger Zeit verlangt das wirkliche Selbst die Zuwendung und Ermutigung des Partners.

In einer wachsenden Beziehung fördern sich die Partner gegenseitig. Wenn nur einer seine Verletzungen einräumt, stagniert die Beziehung. Dann kommt das Paar zur Beratung und fragt: „Warum habe ich ihn geheiratet?" „Warum habe ich nicht gleich erkannt, dass sie immer nur nehmen will?"

Es ist wichtig, die Bedürfnisse und dunklen Seiten des Partners zu kennen und zu akzeptieren.

Oft erwartet ein Ehepartner, dass der andere auf seine Bedürfnisse eingeht, die seine Eltern nie erfüllt haben. Julia wusste, dass sie diese Erwartung hatte. Ihr Vater hatte keine regelmäßige Arbeit. So wählte sie einen Ehepartner, der ehrgeizig war und hart arbeitete.

Markus hatte in seiner Kindheit darunter gelitten, dass seine Mutter ihn täglich anschrie und zu Leistungen antrieb. In Julia fand er eine ruhige, ihn umsorgende Ehefrau, die ihm Mutterersatz war. Beide hatten im Grunde keine gemeinsamen Interessen – sie reagierten nur unbewusst auf ihre Kindheit. Darunter litt ihre Ehe.

Es kommt auch vor, dass wir die Intensität unserer Bedürfnisse erst erkennen, nachdem wir geheiratet haben. Viele von uns leiden unter Verlassenheitsgefühlen. Hier das Beispiel von Anna:

*Als Stephan mir sagte, dass er mit seinen Freunden ins Kino gehen wollte, fühlte ich mich verlassen. Doch ich wollte keine Spielverderberin sein und stimmte zu.*

*Als Stephan gegangen war, fiel mir ein, wie verlassen ich mich als Kind gefühlt hatte, wenn mein Vater in die Kneipe ging. Als ich elf war, versuchte jemand, in unser Haus einzubrechen. Meine Mutter und ich schalteten sämtliche Lampen ein und bewaffneten uns mit Baseballschlägern. Dann warteten wir am Telefon, bis die Polizei kam. Wir hatten keine Ahnung, wo mein Vater war. Als er später nach Hause kam, erzählten wir ihm den Vorfall, doch er zuckte nur mit den Schultern.*

*Nun durchfuhr mich der Gedanke: „Was soll ich machen, wenn jetzt hier eingebrochen wird?" Stephan war weggegangen, obwohl ich ihn brauchte. Zu meiner Überraschung kam das sehr intensive Gefühl hoch, im Stich gelassen zu sein. Schließlich ging ich früh zu Bett und hoffte, dass es mir am nächsten Tag besser ginge.*

*Das war aber nicht der Fall. Ich wollte mich an Stephan rächen, weil er mich „im Stich gelassen hatte", und lud eine Kollegin zum Abendessen ein, die Stephan nicht mochte. Als sie auf der Matte stand und Stephan sich sichtlich ärgerte, guckte ich unschuldig und fragte: „Ach, hatte ich dir nicht gesagt, dass sie kommt?"*

Anna war klar, dass ihre Verlassenheitsgefühle unberechtigt waren, aber sie kam nicht dagegen an. So kam es zu der Fehlhandlung. Es war für sie ein zu großes Risiko Stephan zu vertrauen und Gott zuzutrauen, dass er sich um sie kümmere, selbst wenn Stephan nicht zurückkäme.

Um unsere Ehe nicht zu gefährden, sollten wir auf unsere innere

Stimme hören und uns bewusst machen, dass ein Partner nur begrenzt unsere Bedürfnisse befriedigen kann. Nur Gott kann letztlich unsere Bedürfnisse stillen, auch wenn er dafür immer wieder Menschen gebraucht.

Wenn wir uns unserem Ehepartner gegenüber öffnen und ihm sagen, was uns Angst macht, können wir gemeinsam Gott um Hilfe bitten.

Ein weiterer Knackpunkt ist, dass wir zwar einen Partner suchen, der das Gegenteil unserer Eltern ist – und dann jemanden heiraten, der genau unseren Eltern entspricht. Kinder von Alkoholkranken heiraten oft unbewusst jemanden, der süchtig ist, weil ihnen der Umgang damit vertraut ist. Um solche Fehlentscheidungen zu vermeiden, sollten wir mit der Aufarbeitung unserer Vergangenheit beginnen, bevor wir einen Ehepartner wählen.

Sind Sie schon verheiratet, werden Sie bei der Aufarbeitung die Rollen erkennen, die Sie unbewusst immer noch spielen. Hier einige Beispiele dafür, was sich bei Eheleuten unbewusst abspielen kann:

Ich bin dein Vater/deine Mutter, du bist mein Kind.
Ich bin klug und du bist dumm.
Ich bin der Arbeiter und du spielst.
Ich bin verantwortlich, du bist unzuverlässig.
Ich bin der Gesunde, du kannst krank sein.
Ich bin der Führende, du kannst folgen.
Ich bin der Tyrann, du kannst das Opfer sein.
Ich bin entscheidungsfreudig, du bist unentschieden.
Ich nehme, du musst geben.
Ich habe recht, du hast immer Unrecht.
Ich weiß Bescheid, du brauchst keine Ahnung zu haben.
Ich bin freundlich, du bist reserviert.
Ich bin der Beschützer, du die Beschützte.
Ich bin feinfühlig, du kannst grob sein.

Es wird uns gut tun, nach all den Jahren unser eingeschliffenes Rollenverhalten aufzugeben. Zur Lösung können wir beispielsweise sagen: „Ich bin nicht länger bereit, in unserer Beziehung weiter deinen Vater/deine Mutter zu spielen. Du musst dich damit selbst auseinander setzen" oder „Ich will in unserer Beziehung nicht mehr den Dummen spielen – dazu stehe ich!"

Selbst wenn das den Partner zunächst verwirrt und ärgert – weil damit ja auch seine Rolle infrage gestellt wird –, sollten wir geduldig dranbleiben.

## Vielleicht fragen Sie ...

● *Was raten Sie mir, wenn ich vorhabe, jemanden zu heiraten, der aus einer Familie mit einem „Tyrannen" und einem „Fürsorger" stammt?*
Sie sollten sich folgende Fragen stellen:

*1. Ist Ihrem Partner das unbewusste Geschehen in seiner/ihrer Familie bekannt?*
Falls nicht, ermutigen Sie ihn, sich mit dieser Problematik vertraut zu machen, zum Beispiel etwas darüber zu lesen. Falls er behauptet, überhaupt nicht wie seine Eltern zu sein, hat er noch nicht erkannt, welchen Einfluss seine Vergangenheit auf ihn hat und wie sehr sie zukünftige Beziehungen schädigen kann.

*2. Ist Ihr Partner bereit zu prüfen, inwieweit sein familiärer Hintergrund sein heutiges Verhalten beeinflusst?*
Falls nicht, ist er vielleicht zu stolz für diese Einsicht und kann zur Gefahr für Sie werden. Zu einer Beziehung gehört, alles zu tun, um Bedürfnisse äußern und Grenzen ziehen zu lernen. Wenn Ihr Partner das für sich nicht wahrhaben will, wird er Sie überfordern.

*3. Sind Sie sicher, dass Sie Ihren Partner nicht gewählt haben, weil Sie unbewusst einen „Tyrannen" oder „Fürsorger" suchten?*
Prüfen Sie Ihre Motive und Bedürfnisse. Ist Ihre Beziehung durch ehrliche Gespräche und Gefühle gekennzeichnet oder durch „Fürsorge", Spannungen und Grenzverletzungen? Hätten Sie noch Verbindung mit dieser Person, wenn Sie sich mehr der Liebe Gottes und Ihres eigenen Wertes bewusst wären?

# Zum persönlichen Nachdenken

Beantworten Sie diese Fragen so ehrlich wie möglich und besprechen Sie die Antworten in Ihrer Selbsthilfegruppe oder mit einer Person Ihres Vertrauens.

- Gleicht Ihre Abgrenzung in Krisensituationen eher einem Granitfelsen (distanziert, abweisend) oder einem Maschendraht (durchlöchert, andere dürfen Ihnen zu viel hineinreden)?
- Was befürchten Sie am meisten, wenn Sie an Abgrenzung denken?
- Wie beurteilen Sie Ihre Abgrenzung als Kind: durchlöchert, distanziert oder ausgewogen?
- Als Erwachsener
  - hatten Sie weiterhin Schwierigkeiten mit der Abgrenzung?
  - reagierten Sie, indem Sie das Gegenteil von früher praktizierten?
  - haben Sie ausgewogene Abgrenzungen gefunden?
- Was müssten Sie ändern, um ausgewogenere Abgrenzungen zu finden?
- Kennen Sie jemand, den Sie um Rat fragen könnten, ohne dass er Ihnen in Ihre Belange hineinredet?
- Stellen Sie sich vor, Sie trügen eine fromme Maske. Wie würden die anderen wohl reagieren, wenn Sie diese fallen ließen? Tun Sie in dieser Woche einen kleinen Schritt in diese Richtung und notieren Sie die Reaktionen.
- Listen Sie die Rollen auf, die Sie und Ihr Partner zeitweise spielen.
- Was hat Sie (beide) dazu gebracht, solche Rollen zu übernehmen?
- Wird es Ihnen ohne diese Rollen gut gehen?
- Wann wäre eine gute Gelegenheit, dies mit Ihrem Partner zu besprechen.

# Kapitel 18
## Scheinwahrheiten,
## die geistliches Wachstum behindern

Wenn wir Gott klar erkennen und eine echte Beziehung mit ihm haben wollen, müssen wir das durch unsere sündige Natur, unsere Kultur und unsere Lebenserfahrung verschmutzte Fenster unserer Wahrnehmung sauber halten. Wir lernen, uns von dunklen und verstaubten Gottesvorstellungen und Fehldeutungen der Bibel – die unseren Glauben beeinträchtigen – zu befreien.

Nachstehend führen wir einige Beispiele von Scheinwahrheiten an. Diese enthalten zwar einen Kern Wahrheit, aber sie werden durch die Gedanken vergiftet, dass Verleugnung, Schuldzuweisung und Isolation hilfreich seien und Gottes Zorn nur darauf laure, uns beim Sündigen zu erwischen. Die Beispiele sind bewusst schablonenhaft gehalten, um die Linien deutlicher zu zeichnen.

**Scheinwahrheit:** Wenn ich Christ werde, habe ich keine Probleme mehr.

**Wahrheit:** Christ zu sein bedeutet, dass wir gerettet sind, bewahrt uns aber nicht vor Leid, auch nicht vor dem Schmerz der Verletzungen aus der Vergangenheit.

Manche haben sich bei einer Evangelisation für ein Leben mit Christus entschieden, weil es ihnen nicht gut ging und sie eine Lösung suchten. Sie hörten vielleicht die Aussage „Jesus ist die Antwort" und wollten das ausprobieren. Das ist ein Ansatz, der unserem westlichen Denken entspricht: Wir glauben Probleme lösen zu können, indem wir ein Haus kaufen, einen neuen Partner heiraten oder in einen anderen Ort umziehen. Diese Denkweise der schnellen Lösungen hat beim Glauben jedoch die gegenteilige Wirkung, wenn man entdeckt, dass das Leben als Christ nicht immer leicht ist. Enttäuscht kommt man zu dem Schluss: Selbst Gott kann mir nicht helfen!

Aus dieser Scheinwahrheit folgert man auch, Christen mit Schwierigkeiten hätten zu wenig Glauben. Sie hören vielleicht von

*Auf „schnelle Lösungen" folgt bald die große Ernüchterung*

einem Mitchristen, dass er arbeitslos geworden ist, bei einem Autounfall verletzt wurde oder chronisch krank ist. Dann fragen Sie: „Warum passieren ihm so schlimme Dinge?" Die Bibel zeigt aber an vielen Beispielen, dass Gott Leid zulässt. Er kann uns zwar vom Leid befreien, in der Regel aber geht er mit uns durch das Leid.

**Scheinwahrheit:** Christen haben die Sünde besiegt. Daher ist Sünde nur ein Problem für Menschen mit schwachem Glauben.
**Wahrheit:** Alle Christen haben mit der Sünde zu kämpfen.

Obige Scheinwahrheit redet den Christen ein, Sünde durch Lob Gottes, Ausrufung des Sieges und eine dankbare Grundhaltung überwinden zu können. In Wirklichkeit wird die Sünde dabei verleugnet. Angeblich bringt die Aufarbeitung der Vergangenheit nichts, weil Schwierigkeiten verschwinden, wenn man nur fest genug glaubt. Wer so denkt und handelt, überfordert sich und wird perfektionistisch, um seinen Glauben zu beweisen.

Gott erspart seinen Kindern nicht den Kampf gegen die Sünde, wie das Wort Gottes belegt. Paulus schreibt in Römer 7, 18-20: „In uns selbst, so wie wir von Natur aus sind, ist nichts Gutes zu finden. Wir bringen es zwar fertig, das Rechte zu wollen; aber wir sind zu schwach, es auch auszuführen. Wir tun nicht das Gute, das wir gern tun möchten, sondern das Böse, das wir verabscheuen. Wenn wir aber tun, was wir nicht wollen, dann verfügen nicht wir selbst über uns, sondern die Sünde, die von uns Besitz ergriffen hat."

**Scheinwahrheit:** Christen sollten vor ihren Gefühlen auf der Hut sein.
**Wahrheit:** Wir sollten zu den Gefühlen stehen, die Gott uns gegeben hat, und ihn um Klärung bitten – besonders wenn wir sie nicht verstehen. Wir sollten zwar unsere Gefühle prüfen, aber ihnen nicht grundsätzlich misstrauen oder sie niederhalten.

Curt hat seine Erfahrungen mit dieser Scheinwahrheit gemacht:

*Als ich noch nicht lange glaubte, wurde mir geraten: „Hör nicht auf deine Gefühle! Tu nur, was Gott von dir will!" Ich hatte einem erfahrenen Mitchristen mein Herz ausgeschüttet, der sagte: „Das ist doch Gefühlsduselei! Aber was sagt Gottes Wort?" Er warnte mich, ich bekäme nur Probleme, wenn ich auf meine Gefühle achtete. Daraufhin verleugnete ich meine Gefühle. Das fiel mir nicht schwer – denn Verleugnung kannte ich von meiner Familie her.*

Gott hat die Gefühle geschaffen. Er selbst zeigt auch Gefühle wie Zorn (Jona 4, 1), Verletzung (Hosea 11, 1-4) und Freude (Nehemia 8, 10). An vielen Stellen berichtet die Bibel über Gefühle. Ein Beispiel für viele ist Psalm 55, wo David schreibt:

*„Die Angst schnürt mir das Herz zusammen,*
*tödlicher Schrecken hat mich überfallen.*
*Furcht und Zittern haben mich gepackt,*
*und kaltes Grauen steigt in mir hoch ...*
*Ich aber schreie zu Gott,*
*und er, der Herr, wird mir helfen.*

*Am Abend, am Morgen und am Mittag*
*bringe ich mein Klagen und Stöhnen vor ihn,*
*und er hört mich!"*

Wenn wir unsere Gefühle abspalten, spalten wir einen Teil von uns selbst ab. Das reaktiviert den Zwiespalt zwischen unserem wahren Ich und unserer Maske. Wie viel klüger ist es, mit unseren Gefühlen – auch den hässlichsten – im Glauben umzugehen.

**Scheinwahrheit:** Bete mehr und lies mehr in der Bibel, dann wächst du im Glauben.
**Wahrheit:** Beides ist wichtig, wir lernen Gott aber nicht nur dadurch kennen.

Beten und Bibellesen gehören zum Kern des Christseins. Aber das reicht nicht, um unsere Isolation zu durchbrechen. Jesus ging mit seinen Jüngern so um, dass er ihnen seine Zeit schenkte, mit ihnen redete, ihnen Fragen stellte und ihnen sogar Geschichten erzählte. Zur Jüngerschaft gehört Gemeinschaft. In der Gemeinschaft mit Freunden, Mitchristen und Gruppenteilnehmern hören wir von anderen Erfahrungen, geben unsere Fehler zu und erleben gemeinsam die Liebe Gottes. Dadurch wächst unser Gottvertrauen und das Vertrauen zu den Mitmenschen.

Im Gottesdienst beten wir Gott an als den mächtigen Schöpfer, der uns nicht im Stich lässt. Anbetung hilft uns, Gott gegenüber die biblischen Wahrheiten auf persönliche Weise auszudrücken.

**Scheinwahrheit:** Christlicher Dienst bedeutet, jede Aufgabe zu übernehmen, zu der mein Pastor mich auffordert.
**Wahrheit:** Ausgebrannte Gemeindemitarbeiter verausgaben sich aufgrund falscher Motive und schädigen sich und andere.

Warum ist es so schwer, eine Anfrage des Pastors abzulehnen, ohne sich gleich schuldig zu fühlen? Wir haben verlernt, Gott um seine Weisung für uns zu bitten.

Die nicht aufgearbeiteten Dinge unserer Vergangenheit fördern diese falsche Auffassung. Viele der „überangepassten Kinder" haben gemeindliche Dienste übernommen und ihre Minderwertigkeitsgefühle dahinter versteckt. Aber unser Selbstwert basiert nicht auf

Diensten, sondern auf Gottes unveränderlicher Liebe zu uns. Wenn wir uns allein auf unseren Dienst verlassen, um uns gut zu fühlen, werden selbst kleine Fehler zum Riesenproblem. Das kann zum Ausgebranntsein führen. Jan berichtet, wie sie dies erkannt hat:

*Als Pastorenfrau leitete ich eine Bibelstudiengruppe, arbeitete in der Jugendgruppe mit, sang im Chor, war Organistin und erledigte alles, was mir in den Weg kam. Teilweise tat ich dies aus Liebe zu Gott und weil ich ihm dienen wollte. Auf der anderen Seite suchte ich eine Möglichkeit, um mich erfolgreich zu fühlen und meine Minderwertigkeitsgefühle zu überdecken. Als meine Dienste immer mehr wurden, aber nicht die erhofften Ergebnisse brachten, brannte ich aus. Ich machte Gott Vorwürfe, dass er das zuließ.*

*Bei der Aufarbeitung meiner Vergangenheit entdeckte ich, dass ich eine gespaltene Persönlichkeit war. Ich erkannte mich als „Tyrannin" (die Erfolg von Gott verlangte, um das schwache Selbstbewusstsein aufzupeppen) und als „Fürsorgerin" (die sich für andere aufopferte, weil sie geliebt und anerkannt werden wollte). Ich entdeckte in mir eine verborgene Wut, die mich antrieb, andere Menschen zu beherrschen anstatt ihnen zu helfen.*

*Daraufhin gab ich fast alle Ämter auf und bat Gott, mir deutlich zu machen, wie er mich gebrauchen wolle. In dieser Wartezeit fühlte ich mich Aufgaben zugeführt, die ich bisher nie in Betracht gezogen hatte. Eine war, anderen zu helfen, die so gespalten waren wie ich. Deshalb fing ich eine Selbsthilfegruppe an. Statt im Rampenlicht zu stehen, half ich nun im Verborgenen Leuten, die manche in der Gemeinde als „Verlierer" ansahen. Dennoch fühlte ich mich in dieser Aufgabe wohl, weil ich tief in Gott geborgen war.*

Bei unseren Diensten müssen wir zulassen, dass Gott zu uns spricht, wenn wir fragen: Tue ich dies, um jemand zu beeindrucken? Erwarte ich eine äußere Belohnung dafür? Tue ich das, um mich wohlzufühlen? Tue ich dies gar, um Gottes Reden zu übertönen, der mich auffordert, mich zu ändern?

**Scheinwahrheit:** Halte nur am Glauben fest und deine Zweifel werden verschwinden.

**Wahrheit:** Zweifel (oder „Glaubenskrisen") sind ein normaler Teil des Glaubenslebens. Wir können sie an Gott abgeben und vertrauensvoll auf seine Antworten warten.

Aufgrund unserer Vergangenheit tauchen vielleicht Fragen auf wie: Ist Gott wirklich ein Beschützer? Ist die Heilige Schrift wirklich wahr? Warum besteht eine so große Kluft zwischen dem, was ich in der Bibel lese – „Gott ist Liebe" (1. Johannes 4, 16) – und dem, was ich empfinde? Ist mein Glaube echt oder glaube ich nur, um meinem Partner oder meinem Pastor einen Gefallen zu tun?

Wenn Sie solche Zweifel in den Bibelgesprächskreis einbringen, sind andere Teilnehmer vielleicht verunsichert, weil sie denken, Zweifel gebe es nur bei Ungläubigen. Einige hinterfragen vielleicht Ihren Glauben, andere unterstellen Angriffe des Widersachers. Letzteres mag vorkommen, aber Epheser 6, 10-18 zeigt sehr gut, wie wir damit umgehen können. Bitte lesen Sie das in Ruhe nach. Unser Ziel im geistlichen Kampf ist, fest zu stehen (Vers 14).

Wir stehen fest, wenn wir mit unseren Zweifeln so umgehen, dass wir zugeben, noch nicht alles zu verstehen. Wir können Gott über alles Rationale hinaus vertrauen und werden erleben, dass er uns mit all unserer menschlichen Schwachheit liebt und führt. Es empfiehlt sich, einen oder zwei Mitchristen zu suchen, mit denen wir über unsere Glaubenszweifel sprechen können.

Curt haderte auch als Christ jahrelang mit Gott wegen seiner Vergangenheit. Selbst als Psychologe mit abgeschlossener Ausbildung spürte er, dass etwas Entscheidendes fehlte. Erst als ein christlicher Therapeut ihm eine Selbsthilfegruppe empfahl, änderte sich das. Er berichtet:

*Im geschützten Raum einer gemeindlichen Selbsthilfegruppe konnte ich zugeben, dass ich Gottes Zusagen als leere Versprechungen empfand. Andere berichteten das Gleiche von sich, und wir weinten zusammen. Durch die Liebe und Annahme der anderen begriff ich Gottes Gnade auf einer viel tieferen Ebene als bisher. Das öffnete mir eine neue Sicht dafür, wer ich in Christus war.*

**Scheinwahrheit:** Gott benutzt Schuldgefühle, um aus mir einen guten Menschen zu machen.

**Wahrheit:** Berechtigte Schuldgefühle schärfen unser Gewissen. Falsche Scham kann uns aber schädigen.

Schuldgefühle sind hilfreich, wenn uns bei einer Lüge oder bei grobem Umgang mit anderen das Gewissen schlägt. Wir sind dadurch motiviert, unsere Fehler zuzugeben und Gott um Hilfe für unser zukünftiges Verhalten zu bitten. Unerlässlich dabei ist aber unsere Überzeugung, dass wir unverändert von Gott geliebt sind, denn Liebe erfüllt uns mit Hoffnung und sagt uns, dass Gott uns vergibt, wenn wir unsere Sünden bekennen (1. Johannes 1, 9). Schuldgefühle an sich führen zu Hoffnungslosigkeit.

Fühlen wir uns nicht geliebt, kommen wir uns hoffnungslos und wertlos vor. Wir versinken in Scham und fragen uns, was es bringt, uns zu bemühen. Das fördert unser Glaubenswachstum natürlich nicht, sondern behindert es. Noch schlimmer: Das Schamgefühl verdreht Gottes Gaben ins Negative. Freude zu haben gilt als schlecht, Probleme zu haben ist schlecht, sexuelle Regungen sind schlecht, krank sein ist schlecht, reich sein ist schlecht, arm sein ist schlecht. Und es bilden sich ungeschriebene Gesetze wie:

- Starke Menschen weinen nicht.
- Geistliche Menschen haben sich immer unter Kontrolle.
- Kluge Menschen stellen keine Fragen.

Das Gegenteil ist richtig! Wer weinen kann, ist stärker; wer Gott die Führung überlässt, wächst im Glauben; wer klug ist, erkennt Irrtümer und mögliche Folgen.

## Vielleicht fragen Sie ...

- *Wenn ich eine „neue Schöpfung" in Christus bin (2. Korinther 5, 17), bedeutet das nicht, dass ich die Sünde überwunden habe?* Christus bewirkte unsere Erlösung und unsere Stellung im Himmel und wir sind mit der Kraft des Heiligen Geistes ausgestattet. Dennoch ist unsere sündige Natur nicht beseitigt und auch nicht unsere Verhaltensmuster, die wir als Kinder und Heranwachsende entwickelt haben. Kein Christ ist sündlos, bevor er in der ewigen Herrlichkeit ist.

● *Warum werden manche Christen von ihren Gefühlen über-schwemmt, wenn sie ihr wahres Ich entdecken?*
Jahrelang verschüttete Gefühle können uns wie bei einem Dammbruch überschwemmen. Deshalb empfiehlt sich, vor einem schwierigen Gespräch den genauen Wortlaut aufzuschreiben und den richtigen Ton zu proben. Dabei können wir zugleich Inhalt und Wirkung unserer Worte auf den anderen überdenken.

Damit ist nicht gemeint, dass wir unseren Gefühlen blindlings nachgeben sollten. Wir achten auf unsere Gefühle und das, was sie uns zu sagen haben.

## Zum persönlichen Nachdenken

Beantworten Sie diese Fragen so ehrlich wie möglich und besprechen Sie die Antworten in Ihrer Selbsthilfegruppe oder mit einer Person Ihres Vertrauens.

● Welche von den folgenden Scheinwahrheiten bereiten Ihnen besonders Probleme?
 – Wenn ich Christ werde, habe ich keine Probleme mehr.
 – Christen haben die Sünde besiegt. Daher ist Sünde nur ein Problem für Menschen mit einem schwachen Glauben.
 – Christen sollten vor ihren Gefühlen auf der Hut sein.
 – Bete mehr, lies mehr in der Bibel, dann wächst du im Glauben.
 – Christlicher Dienst bedeutet, jede Aufgabe zu übernehmen, zu der mein Pastor mich auffordert.
 – Halte nur am Glauben fest, und deine Zweifel verschwinden.
 – Gott benutzt Schuldgefühle, um aus mir einen guten Menschen zu machen.
● Kennen Sie weitere Scheinwahrheiten?
● Was hilft Ihnen am meisten, die Scheinwahrheiten zu entlarven und die Wahrheit herauszufinden?

# Kapitel 19
## Trotz eigener Verletzungen geistlicher Leiter sein

Vielleicht meinen Sie, dieses Kapitel treffe auf Sie nicht zu, weil geistliche Leiterschaft nicht Ihr Ding ist. Wenn Sie aber Ihre Vergangenheit aufgearbeitet haben, werden Sie für andere glaubwürdig – eine gute Voraussetzung für geistliche Leiter. Sie üben, ob Sie wollen oder nicht, Einfluss auf Menschen aus. Diesen Einfluss sollten Sie in der Verantwortung vor Gott wahrnehmen.

## Wie Sie andere aufbauen können

Sie können Ihren Einfluss dazu benutzen, eine Atmosphäre der Offenheit zu schaffen.

**Kümmern Sie sich um Glaubensanfänger, bevor diese sich eine fromme Maske zulegen.** Welche Gemeinde hat sich nicht schon über Glaubensanfänger gewundert, die einige Zeit später von der Bildfläche verschwunden waren? Warum geben Glaubensanfänger auf? Unter anderem wohl deshalb, weil sie noch einen Blick dafür haben, welche Kluft klafft zwischen dem, wie sie wirklich sind und dem, was man von ihnen erwartet. Sie sollten in besonderer Weise ihre verzerrten Gottesvorstellungen, Zweifel und Motive überprüfen. Sie brauchen Beziehungen, in denen sie offen und ehrlich über ihr altes – auch zwanghaftes – Verhalten sprechen können.

**Helfen Sie anderen, von ihrer Perfektion loszukommen.** Halten Sie mit den Augen des Herzens Ausschau nach Mitchristen, die zu perfekt wirken. Die ganze Perfektion verdeckt möglicherweise nur einen tiefen inneren Schmerz. Sie fürchten, andere würden sie ablehnen, wenn sie davon wüssten. Beten Sie für diese Menschen und lassen Sie sie an Ihren eigenen inneren Kämpfen teilhaben.

**Bauen Sie Freundschaften auf und starten Sie einen Gesprächskreis.** Bitten Sie Gott, Ihnen zu zeigen, wie Sie Ihre neugewonnene Offenheit mit anderen teilen können. Vielleicht treffen Sie sich einmal wöchentlich mit jemandem aus Ihrer Gemeinde, dem Sie bei der Bewältigung seiner Vergangenheit helfen. Vielleicht ist das auch in einem kleinen Kreis möglich. Die Gemeinde wird davon profitieren, denn wenn Menschen bereit sind, so an sich zu arbeiten, wird sich ihre Gottesbeziehung vertiefen.

Wo erforderlich, sollten Sie die Teilnehmer ermutigen, fachliche Hilfe in Anspruch zu nehmen.

## Um Missverständnisse zu vermeiden

**Praktizieren Sie Offenheit auch als Leiter.** Wenn Sie einen Vortrag zu halten haben, achten Sie darauf, nicht ungewollt die im vorigen Kapitel beschriebenen Scheinwahrheiten zu verstärken. Sprechen Sie zum Beispiel mit einfachen Worten darüber, wie Menschen versucht sind, anderen zu gefallen und sie zu beeindrucken.

Wenn Sie Mitarbeiter suchen, sollten Sie alles vermeiden, um an „Fürsorger" zu appellieren. Statt zu sagen „Die Gemeinde braucht dich, und du bist der einzige, der dies machen kann!" ist es besser, dem anderen zu raten: „Bete darüber, ob Gott dich in diesem Bereich gebrauchen will." Helfen Sie den anderen, gemäß ihren geistlichen Gaben zu handeln und sich da einzusetzen, wofür ihr Herz schlägt.

**Geben Sie offen zu, dass es im Leben von Christen Kämpfe gibt.** Bringen Sie diesen Aspekt in Ihre Ausarbeitungen ein, aber auch in informelle vertrauliche Gespräche. Eine gute Hilfe dabei ist, sich zu fragen, was wohl ein heranwachsendes Mädchen, das von ihrem Stiefvater sexuell belästigt wird, auf Ihre Worte antworten würde. Stellen Sie sich etwa nachstehende Fragen:

- Gebe ich oberflächliche, scheinchristliche Antworten?
- Drücke ich Einfühlungsvermögen in den Schmerz anderer Menschen aus?

- Stelle ich Gottes Gebot, auf seine Weisungen zu hören, in ein ausgewogenes Verhältnis zu Gottes Liebe?
- Mache ich die Zuhörer mit den hilfreichen Möglichkeiten unserer Gemeinde bekannt?
- Bete ich mit angefochtenen Menschen, statt sie mit Phrasen abzuspeisen?

Stellen Sie in einem helfenden Gespräch eher Fragen, als vorschnell einen Ratschlag zu geben. Wenn Sie den Eindruck haben, dass der andere vor lauter Zorn oder Schuldzuweisungen nicht weiterkommt, könnten Sie ihn fragen: „Welches ist der nächste Schritt, den Sie tun sollten?" So zeigen Sie, dass Sie Geduld haben, geben aber auch eine konstruktive Denkrichtung vor.

**Gehen Sie davon aus, dass von Zwängen befreite Menschen zunächst grob und ungehobelt im Umgang sein können.** Der Leiter einer Hauskreisgruppe erzählte, dass er es gar nicht mochte, wenn Teilnehmer einer Selbsthilfegruppe für zwanghaftes Verhalten in seine Gruppe kamen. „Sie schütten alle ihre schlechten Gefühle wahllos über die Teilnehmer aus!", sagte er. „Sie beschreiben, warum sie sich über dies und jenes ärgern und bringen damit unsere Gruppe durcheinander – besonders die neuen Teilnehmer."

Das ist jedoch für den Leiter eine Gelegenheit, Aufrichtigkeit und Annahme des anderen vor der ganzen Gruppe zu praktizieren. Die Teilnehmer übernehmen oft die Vorgehensweise des Leiters. Ist der Leiter verlegen, überträgt sich das auf die anderen. Zeigt der Leiter Anteilnahme, ohne dabei die Situation ausufern zu lassen, werden auch die neuen Teilnehmer sein Einfühlungsvermögen und die Offenheit der Gruppe zu würdigen wissen.

## Ein besonderer Hinweis für Pastoren

Kürzlich bat ein Redner in einer Versammlung von 800 Pastoren, diejenigen möchten ihre Hand heben, deren Eltern oder Großeltern Alkoholiker waren. Ungefähr 75 Prozent erhoben die Hand. Dann fragte er, wieviele sich schon damit beschäftigt hätten, wie sich das auf sie auswirken würde. Daraufhin gingen nur wenige Hände hoch.

Dies ist verständlich, wenn wir davon ausgehen, dass speziell „Friedensstifter" und „verantwortliche Kinder" sich besonders gern um andere Menschen kümmern. Gebraucht zu werden, vermittelt uns das Gefühl, geliebt und wertgeschätzt zu werden. Das wird noch verstärkt, wenn die Betreuten sagen: „Sie haben mir wirklich sehr geholfen, aus meiner Krise herauszukommen." Komplimente nach Bibelvorträgen füllen ebenfalls das Loch der Minderwertigkeitsgefühle aus. Natürlich wird niemand deswegen Pastor. Pastor wird man aus Liebe zu Gott, aber ohne gründliche Selbstprüfung kann man die anderen Motive nicht wahrnehmen.

**Verborgenes Leid.** Pastoren, die „Liebkind" sind, müssen ihr tieferliegendes Leid verbergen. Wenn sie nicht aufpassen, kann sich das bemerkbar machen durch sarkastische Bemerkungen bei den gottesdienstlichen Abkündigungen oder dadurch, dass sie anderen ein schlechtes Gewissen machen, damit diese sich zum Kirchenputz bereitfinden. Der Pastor verhält sich manchmal mit seinen „tyrannischen" Anteilen bevormundend und autoritär gegenüber den Gemeindegliedern; zu anderen Zeiten versucht er vielleicht, mit seinem „Fürsorger"-Anteil allen Gemeindegliedern zu Gefallen sein.

**Gefilterte Bibelauslegung.** Selbst strikt schriftgebundenen Pastoren mag auffallen, dass ihre Bibelauslegung durch ihre persönlichen Erfahrungen mitbestimmt wird. Falls dazu Verleugnungen, Schuldzuweisungen, Absonderung und aggressives Verhalten gehörten, bemerken die Zuhörer das sehr wohl. Wenn Pastoren ihre verzerrten Vorstellungen von Gott und der Welt nicht wahrnehmen, erschweren sie anderen den Zugang zur biblischen Wahrheit.

**Ungesunde Gemeinden.** Die in Kapitel 4 und 5 aufgeführten Neigungen zu Verdrängung, Schuldzuweisung, Isolation und Handeln im Zorn können auch in Gemeinden vorhanden sein. Ein Pastor kann, ohne dass ihm das bewusst ist, in seiner Gemeinde dieselben

Neigungen verstärken, die in seiner Herkunftsfamilie herrschten. Er sollte sich zur Kontrolle folgende Fragen stellen oder stellen lassen:

- Werden die Grenzen von einzelnen Familien/Einzelpersonen von der Gemeindeleitung verletzt?
- Herrscht unter den Gemeindegliedern gegenseitiges Vertrauen? Wird dies gefördert?
- Werden Gefühle zum Ausdruck gebracht? Geschieht das in angemessener Weise?
- Stellt die Gemeinde ein offenes oder ein geschlossenes System dar?
- Sind neue Ideen und Querdenker willkommen?

Pastoren, die sich einer Selbstprüfung gestellt haben, setzen andere Menschen nicht herab, weil sie sich ihrer eigenen Sünden bewusst sind. Sie verkündigen, lernen aber auch gut zuzuhören. Ein Leiter, der seine Verletzungen und Schwächen nicht verbirgt, hat eine positive Ausstrahlung. Die anderen trauen sich, sich offen mit ihren Glaubenskrisen auseinander zu setzen. Sie tragen gegenseitig ihre Lasten (Galater 6, 2) und spornen einander zur Liebe und zu guten Taten an (Hebräer 10, 24).

Wenn Gott Sie so leitet: ermutigen Sie auch andere zu diesem offenen Vorgehen. Erklären Sie, dass sie bei Gott die Antwort auf die Kernfrage ihres Lebens finden können: Was muss ich tun, um geliebt und anerkannt zu werden?

Fordern Sie Ihre Mitchristen heraus, sich ihre Schutzmasken einzugestehen. Berichten Sie darüber, wie es Ihnen gelungen ist, mit anderen wieder in Kontakt zu kommen und Nähe zuzulassen. Wir – Curt und Jan – beten für unsere Leserinnen und Leser, dass sie im Glauben wachsen, Gott näher kommen und immer mehr in sein Bild verwandelt werden.

# Zum persönlichen Nachdenken

Beantworten Sie diese Fragen so ehrlich wie möglich und besprechen Sie die Antworten in Ihrer Selbsthilfegruppe oder mit einer Person Ihres Vertrauens.

- Inwieweit können geistliche Leiter trotz (oder gerade wegen) eigener Verletzungen hilfreich für andere sein?
- Wovor würden Sie solche geistlichen Leiter warnen?
- Inwiefern bestärkt Ihre Gemeinde die Glieder, „Liebkind" zu sein? Was können Sie tun, damit dies vermieden wird?
- Paulus schreibt an die Gemeinde in Korinth: „Er [Christus] hat mir gesagt: ‚Du brauchst nicht mehr als meine Gnade. Je schwächer du bist, desto stärker erweist sich an dir meine Macht.' Jetzt trage ich meine Schwäche gern ..., damit die Kraft Christi sich an mir erweisen kann" (2. Korinther 12, 9).
  Wie passt diese Aussage zu diesem Kapitel?
- Schreiben Sie ein Gebet für Ihre geistlichen Leiter auf – und beten Sie es!

# Nachwort

Jan berichtet über ihre Erfahrungen als Teilnehmerin einer Selbsthilfegruppe:

*Ich hatte schon jahrelang Erfahrung in der Leitung von Bibelkreisen, bevor ich an einer Selbsthilfegruppe teilnahm. In den Jahren davor hatte ich auch viele Gespräche mit ratsuchenden Menschen geführt. Diese waren immer voll des Dankes und Lobes darüber, wie wunderbar ich ihnen geholfen hätte. Ich betrachtete mich also zu Recht als eine gute Ratgeberin.*

*In der Selbsthilfegruppe wusste ich zu schätzen, wie mir geholfen wurde, mich selbst zu verstehen. Aber ich hatte kein Verständnis dafür, dass ich daran gehindert wurde, anderen zu helfen. Wenn ein anderer seine Probleme ausbreitete, fiel mir sofort ein Buch ein, das dieser Person garantiert helfen würde. Oder ein Bibelvers, der genau die Antwort gewesen wäre.*

*Es machte mich fast verrückt, mich an die eisernen Regeln der Gruppe halten zu müssen: Wir unterbrechen den anderen nicht. Wir korrigieren den anderen nicht. Wir geben einander keinen Rat. Ich konnte mir schließlich nur noch mit der Hand den Mund zuhalten, um ja nichts zu sagen und nur zuzuhören.*

*Durch dieses erzwungene stille Zuhören lernte ich Erstaunliches. Zuerst ging mir auf, was für ein allwissendes „verantwortliches Kind"/„Friedensstifter" ich war. Es war meine ehrliche Überzeugung, die Probleme aller Gruppenteilnehmer lösen zu können.*

*Dann traf es mich aber wie ein Schlag: Wenn dieses oder jenes Buch dem anderen helfen würde, sich zu ändern, warum hatte es eigentlich mich nicht verändert? Ich wusste so viele Antworten – warum war ich dann so am Ende?*

*Ich hatte mich selbst nie meinen Problemen gestellt, doch jetzt war das für mich dran. Ich beobachtete die anderen genau, wie sie sich Woche für Woche mit ihren Problemen auseinander setzten, bis ich es auch wagte.*

*Als ich mich darauf konzentrierte zuzuhören statt mich in Gedanken damit zu beschäftigen, was ich sagen würde, wenn ich an die Reihe käme, wurde ich von den Lebenserfahrungen der anderen tief angerührt. Nie zuvor haben so viele Menschen mein Leben zum Guten beeinflusst, obwohl dies gar nicht ihre Absicht war.*

Jan hätte all dies nicht gelernt, wenn sie sich nicht an die Standardregel der Nichteinmischung gehalten hätte. So wie ihr geht es vielen erfahrenen Christen in Selbsthilfegruppen, weil ihnen das Helfenwollen in Fleisch und Blut übergegangen ist. Nachstehend einige Hinweise für „eingefleischte" Helfer:

- Wir machen uns bewusst, dass unsere Aufgabe als Teilnehmer in einer Selbsthilfegruppe ist, uns selbst so ehrlich wie möglich zu erforschen und den anderen mitzuteilen, was wir dabei entdeckt haben.
- Wenn wir an der Reihe sind, geben wir anderen keine Ratschläge, auch indirekt nicht.
- Wir stärken andere durch Handlungen, nicht durch Worte. Wir können sie in den Arm nehmen oder nach der Gruppensitzung mit ihnen beten, aber wir geben ihnen keinen unserer „todsicheren" Ratschläge. Wir unterlassen es auch, ihnen die Hand tröstend auf die Schulter zu legen und zu sagen: „Es geht dir doch wieder gut – oder?" Nein, es geht ihnen nicht wieder gut. Es wird noch einige Zeit brauchen, bis sie ihr Problem bewältigt haben.
- Wenn andere uns nach der Gruppensitzung um Rat fragen, können wir ihnen sagen, was uns geholfen hat. Aber wir machen deutlich, dass die Lösung bei ihnen anders aussehen kann.

# Weitere Bücher aus den Blaukreuz-Verlagen Wuppertal und Bern

Cheryl Sanfacon / Joyce Moccero
**Meine Frau ist nicht verrückt**
Was ich als Partner tun kann.
Paperback, 112 Seiten, z. Z. DM 22,80/öS 166,–/sFr. 23,–

Erstmalig wird hier anhand eines anrührenden Beispiels geschildert, wie Familie, Freunde und Ärzte bei der Behandlung eines psychisch kranken Angehörigen helfen können. Dieses Buch hilft Ihnen, mit widersprüchlichen Gefühlen umzugehen und Ihren Partner bei einer Therapie zu begleiten; eine Kraftquelle für alle, die einer seelischen Erkrankung und der Therapie eines Angehörigen hilflos gegenüberstehen.

Arline Westmeier
**Die verletzte Seele heilen**
Gesundung durch Seelsorge
– mit Fallbeispielen und Illustrationen –
6. überarbeitete Auflage
Paperback, 144 Seiten, z. Z. DM 21,80 / öS 159,– / sFr. 22,–

Viele Menschen haben seelische Verletzungen verdrängt. Unerklärliche Verhaltensweisen sind die Folge. An zahlreichen Beispielen macht die Autorin deutlich: Es gibt Befreiung von der belastenden Vergangenheit. Vielen Ratsuchenden hat sie geholfen, sich ihren schmerzhaften Erinnerungen und Gefühlen zu stellen, sie an Jesus Christus abzugeben und sich von ihm dauerhaft heilen zu lassen.

Ingrid Ebert
**Dienstags in der Mauergasse**
Suchtkranke machen Hoffnung.
Paperback, 80 Seiten, z. Z. DM 17,80/öS 130,–/sFr 18,–

Der Kampf gegen die Sucht – ein scheinbar aussichtsloses Unterfangen. Und doch berichten hier Menschen, wie sie nicht nur die Tiefen der Sucht kennen gelernt, sondern auch Befreiung erlebt haben und Rückhalt fanden im Glauben an Jesus Christus. Das Buch macht Mut und Hoffnung: Neues, verändertes Leben ist möglich.

# Weitere Bücher aus den Blaukreuz-Verlagen Wuppertal und Bern

Kris
**Weil ich leben will**
3., erweiterte Auflage mit einem Nachwort der Autorin.
Paperback, 152 Seiten, z. Z. DM 19,80 / öS 145,– / sFr 20,–

Mit beeindruckenden Worten zeichnet die Autorin das Filigran ihrer Entwicklung aus der Sucht zu einer unerwartet neuen Lebensqualität – die sie nun seit vielen Jahren genießt. Ihre packende Darstellung lässt den Leser von der ersten bis zur letzten Seite nicht los.

Dwight L. Carlson
**Im Fadenkreuz der Vorurteile**
Seelisch Verwundete entlasten – nicht belasten.
Paperback, 168 Seiten, z. Z. DM 22,80 / öS 166,– / sFr. 23,–

Sind seelische Störungen die Folge persönlicher Schuld? Der Autor stellt neuste wissenschaftliche Erkenntnisse vor, die belegen, dass seelische Störungen körperliche oder biologische Ursachen haben können. Damit vermittelt er praktische Hilfe für seelisch Verwundete, für Seelsorger und Helfer.

Dewey Bertolini
**Ich hätte ihn umbringen können**
Hass und Verbitterung überwinden.
Paperback, 112 Seiten, z. Z. DM 19,80/öS 145,–/sFr 20,–

Lebendige Beispiele zeigen: Gott macht das Unmögliche möglich! Der Verfasser legt ausführlich dar, wie Verbitterung entsteht und wie man lernen kann, anderen und sich selbst zu vergeben. Das Buch will Mut machen, Gott auch „unmögliche" Lösungen zuzutrauen.